PALABRAS

La vida es corta:
Póngase sus pantalones de fiesta

"Loretta LaRoche es una fuerza de la naturaleza,
la experta en estrés favorita de los estadounidenses.
Tan brillante como divertida, la sabiduría y el ingenio de
Loretta están cimentados en la solidez de la ciencia y en la
psicología positiva más actualizada. Su consejo práctico de
'ponerse sus pantalones de fiesta' le dará la libertad para
reivindicar su paz, creatividad, humor y felicidad.
Este es el mejor libro de auto-ayuda que jamás leerá y
podría ser el <u>último</u> que tenga que leer."

Doctora Joan Borysenko, autora de *Paz interior para gente*
ocupada y *Minding the Body, Mending the Mind*
(Cuidar el cuerpo, sanar la mente)

*"Me encanta **La vida es corta: Póngase sus pantalones***
***de fiesta**. Loretta es una verdadera maestra en el arte*
del uso del humor para crear un libro tan vivaz como
entretenido, pero incluso de mayor importancia, hacer que
uno se detenga y preste atención a sus palabras. Y lo que ella
dice es todo lo que tenemos que hacer para desacelerar el ritmo
de nuestras vidas, amar más, tratarnos con más
amabilidad y disfrutar lo que la vida nos ofrece."

Doctora Alice D. Domar, Profesora Agregada de Obstetricia,
Ginecología y Biología Reproductiva de la Escuela de Medicina
de Harvard; autora de *Cuida de ti misma*

"Me encantó Loretta desde la primera vez que la vi en la Televisión Pública Nacional. Este libro está lleno de sabiduría y perspicacia y su forma de presentación es divertida y graciosa. ¡Me encanta!."

Doctor Wayne W. Dyer, autor de
10 Secretos para conseguir el éxito y la paz interior

*"**La vida es corta: Póngase sus pantalones de fiesta** me hizo reír a carcajadas desde el primer párrafo de la Introducción. Loretta lo ha logrado de nuevo: ha escrito un libro que coloca de inmediato todo en perspectiva, con su manera de ser extraordinariamente divertida y sabia al mismo tiempo."*

Doctora Christiane Northrup,
autora de *Cuerpo de mujer, sabiduría de mujer*

"Todos necesitamos más alegría y más risa en nuestras vidas, y este libro nos las entrega. No solamente se divertirá con su lectura, también aprenderá métodos sólidos y prácticos para reducir el ritmo agitado, reconectarse con las cosas importantes, ¡y celebrar la vida!"

Cheryl Richardson, autora de *Stand Up for Your Life
(Asuma su posición en la vida)*

La vida es corta: Póngase sus pantalones de fiesta

Otros Títulos en Español de Hay House

El Asombroso Poder de las Emociones, Esther y Jerry Hicks

Aventuras de una Psíquica, Sylvia Browne

Cambie sus Pensamientos y Cambie su Vida, Dr. Wayne W. Dyer

Conexiones Espirituales, Sylvia Browne (2009)

Conversaciones con el Otro Lado, Sylvia Browne

Curándote con los Ángeles: Cartas Oráculas, Doreen Virtue, Ph.D.

La Desaparición del Universo, Gary R. Renard (2009)

Dios, La Creación, e Instrumentos para la Vida, Sylvia Browne

El Fascinante Poder de la Intención Deliberada,
Esther y Jerry Hicks

Feng Shui para Occidente, Terah Kathryn Collins

Gratitud, Louise L. Hay

Guía Diaria de Sus Ángeles, Doreen Virtue, Ph.D.

Inspiración, Dr. Wayne W. Dyer

La Ley de Atracción, Esther y Jerry Hicks

Lecciones de Vida por Sylvia Browne, Sylvia Browne (2008)

El Libro de los Ángeles de Sylvia Browne

Meditaciones para Sanar Tu Vida, Louise L. Hay

Un Mensaje de García, Charles Patrick Garcia

¡El Mundo Te Está Esperando!, Louise L. Hay

La Naturaleza del Bien y del Mal, Sylvia Browne

Ni Delgada, Ni Rubia, Monique Marvez (2010)

Los Niños Índigo, Lee Carroll y Jan Tober

La Oración y las Cinco Etapas de Curación, Ron Roth, Ph.D.,
y Peter Occhiogrosso

Pedid que ya se os ha dado, Esther y Jerry Hicks

Pensamientos del Corazón, Louise L. Hay

La Perfección del Alma, Sylvia Browne

El Poder Contra la Fuerza, David R. Hawkins, M.D., Ph.D.

El Poder Está Dentro de Ti, Louise L. Hay

El Poder de la Intención, Wayne W. Dyer, Ph.D.

Respuestas, Louise L. Hay

Sana Tu Cuerpo, Louise L. Hay

Sana Tu Cuerpo A–Z, Louise L. Hay

Sánese con los Ángeles, Doreen Virtue, Ph.D.

10 Secretos para Conseguir el Éxito y la Paz Interior,
Dr. Wayne W. Dyer

Secretos y Misterios del Mundo, Sylvia Browne (2008)

Si Usted Pudiera ver lo que Yo Veo, Sylvia Browne

Sobrevivir para Contarlo, Immaculée Ilibagiza

Sociedades Secretas, Sylvia Browne (2009)

Su Realidad Immortal, Gary R. Renard (2010)

Usted Puede Sanar Su Vida, Louise L. Hay

Vive Tu Vida, Carlos Warter, M.D., Ph.D.

Vivir en Equilibrio, Dr. Wayne W. Dyer

¡Vivir! Reflexiones Sobre Nuestro Viaje por la Vida,
Louise L. Hay

✾ ✾ ✾

(760) 431-7695 ó (800) 654-5126

(760) 431-6948 (fax) ó (800) 650-5115 (fax)

Hay House USA: **www.hayhouse.com**®

La vida es corta: Póngase sus pantalones de fiesta

Diez simples verdades
para llevar una vida maravillosa

Loretta LaRoche

HAY HOUSE, INC.
Carlsbad, California • New York City
London • Sydney • Johannesburg
Vancouver • Hong Kong • New Delhi

Publicado y distribuido en los Estados Unidos por: Hay House, Inc., P.O. Box 5100, Carlsbad, CA 92018-5100 • (760) 431-7695 ó (800) 654-5126 • (760) 431-6948 (fax) ó (800) 650-5115 (fax) • www.hayhouse.com®

Supervisión de la editorial: Jill Kramer
Diseño: Amy Rose Grigoriou
Traducción al español: Adriana Miniño (**adriana@mincor.net**)
Título del original en inglés: LIFE IS SHORT—WEAR YOUR PARTY PANTS

ISBN: 978-1-4019-1199-7
Impresión #1: febrero 2008

Impreso en los Estados Unidos de América

❀ ❀ ❀

A mis amigas Myra, Colette,
Joan, Susan, Cheryl, Eva, Peggy,
Annie, Jean, Ali y Christianne:
gracias por su constante apoyo.

❀ ❀ ❀

CONTENIDO

Agradecimientos xiii

Introducción.. xv

1: Dígale sí al estrés
("Una vida maravillosa requiere resistencia.")..........1

2: Si no es ahora, ¿cuándo?
("Una vida maravillosa requiere vivir en el ahora.") ... 27

3: La luz al final del túnel
("Una vida maravillosa requiere optimismo.") 53

4: Es lo que es
("Una vida maravillosa requiere aceptación.")........75

5: Búsquele el lado divertido
("Una vida maravillosa requiere humor.")..............91

6: Póngale su toque especial
("Una vida maravillosa requiere creatividad.").....117

7: Todo con mesura
("Una vida maravillosa requiere moderación.")....141

8: Llegue a tiempo
("Una vida maravillosa requiere responsabilidad.").. 157

9: Pero, ¿cuál es el significado de todo esto?
("Una vida maravillosa requiere un propósito.").... 173

10: ¡Únase a la fiesta!
("Una vida maravillosa requiere conexión.") 193

Acerca de la autora..211

AGRADECIMIENTOS

Deseo agradecer a las siguientes personas por su amor y su apoyo:

A mi esposo por estar siempre en las buenas y en las malas. A mis hijos: Jon, Laurie y Erik, a sus parejas y a sus hijos. A mi madre por enseñarme a no darme por vencida y por su sentido del humor. A Brian DeFiore, mi agente literario, por todos sus esfuerzos en mi nombre. A Joan Borysenko por presentarme a Reid Tracy, presidente de Hay House; y a Reid por ayudarme a hacer posible este libro y las presentaciones en la Televisión Pública Nacional. Y a Erik, mi socio e hijo, por su devoción, lealtad y sabiduría. Me siento bendita por tenerlos a todos ustedes en mi vida...

INTRODUCCIÓN

Cuando era pequeña, una de las expresiones favoritas de mi madre era "nunca se sabe." Tenemos que limpiar la casa los sábados, porque... "nunca se sabe." Si estaba disfrutando de una deliciosa comida, teníamos que asegurarnos de dejar algo en el plato, porque... "nunca se sabe." Guardábamos los pedazos pequeños del papel encerado, así como los trozos de soga y los cartones vacíos de los huevos, bueno..., creo que entendieron la idea.

Me la pasaba tratando de entender qué era aquello que no sabíamos pero que debíamos saber. Era suficiente como para ocasionarle ansiedad a una niña. Quizá esa era la idea. Después de todo, *de verdad* tuvimos que pasar en la escuela por simulacros de incendios y *estábamos* en medio de la Guerra Fría: incluso nos habían enseñado a escondernos bajo los pupitres en caso de ataques nucleares. O a lo mejor un meteorito iba a caer en la Tierra, lo cual, nuestra maestra de ciencias de tercer grado, la señora Funkhauser, nos dijo que podría ocurrir.

Tal vez mi madre sabía que algo malo nos iba a suceder y teníamos que estar preparados. Yo solía preguntarle, pero ella siempre replicaba: "Algún día lo verás." ¿Ver qué? ¿*Qué* era lo que yo iba a ver?

Yo podía lidiar con casi todo, pero lo que me costó más trabajo fue no poder usar mis zapatos de charol hasta la Semana Santa, sobretodo porque los habíamos comprado en febrero y tenía que verlos todos los días. Lo único que me era permitido era ponerles Vaselina para que no se agrietaran. ¿No les parece emocionante? Me la pasaba suplicando que me dejaran usarlos, pero mi madre siempre me respondía con la frase que ustedes ya se imaginan, ¿no es así?

xvi

Lo que más me enardecía era el asunto de la ropa interior. Siempre me compraba unos calzones horripilantes. Decía que estaban en descuento y que la vendedora le había dicho que era imposible desgastarlos. Pues bien, no sé qué era lo que la vendedora pensaba que yo iba a hacer; ¿quizá meterme en una cueva durante un mes? ¿Por qué tenían que ser tan resistentes? ¿Por qué sencillamente no podían ser bonitos y femeninos, con florecillas y encaje?

Y bien, mi madre en un momento de debilidad me compró un par así. Yo estaba en éxtasis hasta que me dijo lo usual: que no podía usarlos a menudo porque...

"nunca se sabe." Añadió que esos serían mis "panta-
lones de fiesta." Eso no alivió mi dolor. ¿A cuántas
fiestas puede ir una niña de nueve años? No es como si
yo fuera una estrella de cine o algo así. Y efectivamente
los calzones permanecieron en el armario rodeados
de sus horribles calzones compañeros. Quizá llegué a
usarlos dos veces. Todavía los tengo, solo que ya no
me quedan bien.

Ahora de adulta, comprendo mejor lo que "nunca
se sabe" significaba para mi madre y porqué ella tenía
que decirlo tan a menudo. Ella y mis abuelos vivieron
durante la Depresión y la Segunda Guerra Mundial.
A estas personas se les llama "la generación más gran-
diosa" debido a su maravillosa resistencia. Ellos fueron
el producto de un mundo en el cual el panorama del
presente económico era desolador y el futuro era
intimidante. Como resultado de esta experiencia, la
habilidad de mi madre de disfrutar a plenitud estaba
matizada de culpa y temor. Por ejemplo, ella poseía
una vajilla pintada a mano que había formado parte
de la familia desde que yo tenía 14 años. La trajimos a
casa de unas vacaciones en Bermuda y casi nos rompi-
mos la espalda de lo pesada que era. Era un juego de
12 piezas, cada plato pintado a mano con una flor de
aciano en color azul. Cada flor era distinta. Ahora,
francamente, creo que todo ese asunto fue una locura.
¿A quién le importaba que todas las flores fueran

distintas? ¿Qué íbamos a hacer? ¿Nos íbamos a sentar todos a comparar platos y a decir: "Ah, mira, la tuya no tiene tallo?"

Mi madre pensaba que eran increíblemente especiales. ¿Y por qué no? Ella los había comprado con el dinero que se había ganado arduamente, algo que ella decía una y otra vez. La vajilla se quedó en el escaparate esperando a esas personas especiales que mi madre consideraba dignas de comer en ella. Nosotros, los bobos del pueblo, no éramos lo suficientemente dignos como para comer en platos de esa categoría en circunstancias ordinarias. Cada cierto tiempo, ella me recordaba que me los dejaría de herencia. Durante mucho tiempo, en verdad disfruté de esa idea. Un día, hace dos años, me preguntó: —¿Quieres los platos? —Yo pensé: *debes estar bromeando...* Mi idea actual de una vajilla es una de platos desechables de comida para llevar.

No creo que mi madre haya sido mala persona, ni tampoco que pensara que su familia era indigna de una vajilla fina. Ella sencillamente llevaba la vida que le habían enseñado a vivir. Todos heredamos una visión de nuestras familias y de nuestras sociedades, que para bien o para mal, nos convierte en lo que somos y en lo que creemos. A menudo heredamos conceptos sobre la vida, pero en el fondo no entendemos su razón de ser.

xviii

Una de mis historias favoritas se relaciona con una mujer que estaba en su cocina preparando carne asada para la cena. Su pequeña hija que la miraba mientras preparaba la cena le preguntó: −Mami, ¿por qué cortas los extremos de la carne?

Y la madre le dijo: −Cariño, así es como se debe hacer.

−Pero, ¿por qué?

Y la madre tuvo que pensar por un segundo y reconocer: −Pues en verdad no estoy segura de la razón. Así es como lo hacía mi madre, y estoy segura de que ella tenía un buen motivo para hacerlo.

−Vamos a preguntarle a la abuela.

La mujer entonces llamó por teléfono a su madre y le preguntó por qué le cortaba los extremos a la carne para asar. La mujer tuvo que admitir que tampoco sabía por qué lo hacía, pero que así era como *su* madre preparaba la carne asada.

Luego llamaron a la anciana, a la bisabuela de la niña, quien por esa época andaba por los noventa y tantos años, y le preguntaron por qué le cortaba los extremos a la carne antes de asarla.

− Pues bien −dijo la anciana−, lo hacía porque no tenía una sartén lo suficientemente grande como para que cupiera toda la carne.

❋

Muchos de nosotros hemos heredado de nuestros padres una mentalidad de escasez; o una mentalidad que dice que no debemos celebrar ni usar la vajilla fina en nuestras vidas diarias. Pero al igual que la mujer que cocinaba la carne asada, tenemos que ver más allá de lo que hemos aprendido para intentar encontrar nuestro sendero hacia una vida feliz.

Ciertamente, debemos ahorrar para el futuro, y no desperdiciar cosas ni sucumbir ante el deseo de tener cosas que no necesitamos. Pero nunca debemos esperar para celebrar la vida solamente en ocasiones especiales. Y este es el mensaje que contiene este libro: debemos atraer el sentimiento de celebración en nuestras vidas *todos los días*. No debemos esperar. Como digo a menudo a los miembros de mis audiencias y de mis talleres respecto a las precariedades de la vida: "Nadie sale de aquí vivo."

Cuando digo esto, muchas personas se ríen, pero sé que también piensan: *¿por qué tiene que ser tan morbosa? Se supone que esto sea divertido.* Y sin embargo, cuando aceptamos por completo nuestra mortalidad, nos vemos forzados a vivir en el presente porque comprendemos que es lo único seguro. Nos fuerza a enfocarnos en las cosas que son verdaderamente importantes, y nos permite dejar a un lado las cosas que no lo son. Nos recuerda que eso que hoy "fatalizamos" también pasará. La espera en la fila para pagar se convierte en un paseo al parque. La congestión de tráfico se transforma en un momento perfecto para escuchar buena música. Y las dos horas extras de trabajo ya no son un agobio, si usted sabe que llegará a tiempo para darle el beso de las buenas noches a su hija antes de que se quede dormida.

Tenemos un tiempo muy corto de vida en este planeta, y desperdiciamos muchas horas sin disfrutar de verdad el tiempo que tenemos. Parece como si muchos de nosotros estuviéramos siempre esperando y esperando... ¿Alguna vez se ha preguntado? : "¿Qué es lo que estoy esperando? ¿Qué debo hacer antes de hacer eso que vivo posponiendo y por qué? O ¿A quién estoy esperando que me dé permiso de hacerlo?" Créame, nadie viene a darle permiso..., todo el mundo anda por ahí divirtiéndose.

Todo lo que se da se devuelve

Mi metáfora de ponerse los pantalones de fiesta es mucho más que disfrutar las cosas que tenemos en este momento, y no negarnos la dicha a nosotros mismos. Es reconocer que tenemos en nuestro interior mucho para dar, lo cual hace la vida extraordinariamente especial. Podemos demostrar aprecio y preocupación más a menudo, abrazarnos mutuamente con alegría, perdonar más, y amarnos más en formas más profundas.

Por desgracia, hemos dejado de compartir estas emociones de manera espontánea. Mi familia de origen no necesitaba libros ni cintas de audio para lograr identificar sus emociones; no tenía que comprar tarjetas con palabras especiales para cada ocasión. Las personas *hablaban*, e intercambiaban sus necesidades, sin tanta fanfarria.

La pasión era desenfrenada. Amor era que la Tía Ignatzia me pellizcara las mejillas llamándome "Saporita" (la dulce). Ella no iba a la farmacia a comprar una tarjeta que dijera lo mismo pero que costara cinco dólares.

Esa generación no tenía mucho dinero para comidas lujosas, pero disfrutaban con pasión. Podían tener que caminar unas cuantas millas en vez de conducir sus automóviles con aire acondicionado y escuchar sus discos compactos, pero se relacionaban con todo lo que los rodeaba y saludaban a los vecinos que pasaban a su lado. Vivían una vida de escasez, pero tenían abundancia interna. *Nosotros* tenemos una vida abundante, pero muchos de nosotros viven en escasez en su interior.

Llene su vida de simples verdades, y sus pantalones de fiesta siempre le quedarán bien

¿Recuerda cómo los días siguientes a la tragedia del 11 de septiembre hubo una efusión increíble de amor y de anhelo de conexión? La gente se congregaba de formas sorprendentes: en los hospitales había filas enormes de personas que deseaban donar sangre, y los niños horneaban galletas, y enviaban tarjetas y regalos a los socorristas y a las familias de las víctimas. Las personas actuaban con cortesía mutua de una forma que parecía extraordinaria, y que de hecho, lo *era*.

Pero, en verdad, ¿no será una revelación de que todos, aunque haya sido en una ocasión, hemos sentido colectivamente la precariedad y la preciosidad de la vida? Fuimos sacudidos de nuestra inconsciencia, y la conmoción hizo que nos enfocáramos en las cosas que son en verdad importantes. Cuando las preocupaciones diarias parecen banales, tenemos que poner atención a la verdadera esencia de la vida: conexión, amabilidad, compasión y amor.

Desde hace más de treinta años trabajo en el campo de manejo del estrés y he ayudado a decenas de miles de personas a llevar una vida más relajada, y a acoger la alegría en vez de la ansiedad y el dolor.

En los muchos años que llevo haciéndolo, lo que he aprendido de mis estudios y de las miles de personas con quienes he trabajado en el camino, es que la habilidad humana de experimentar alegría y profundo sentido de satisfacción está mucho más a nuestro alcance de lo que la mayoría de la gente se imagina.

Todos tenemos acceso a simples verdades que han estado disponibles para nosotros a través de los siglos. Hemos comenzado a ver que la necesidad que tiene nuestra sociedad de sumergirse en la teoría de que "mientras más, mejor", nos ha llevado a un lugar de desconexión de los demás y de nosotros mismos. Cuando comencemos a integrar moderación, responsabilidad, buen humor, optimismo, creatividad, resistencia, conexión y propósito a nuestras vidas, acogeremos la vida con gracia y dignidad. ¿Qué forma podría ser mejor para llevar una vida verdaderamente maravillosa?

xxiv

DÍGALE SÍ AL ESTRÉS

"Una vida maravillosa requiere resistencia."

He pasado treinta años —una buena parte de mi vida adulta— como consultora y orientadora, aconsejando a las personas sobre sus asuntos relacionados al estrés. He escrito libros; he realizado programas para la Televisión pública de los Estados Unidos y estoy siempre viajando y dando charlas a grupos muy grandes de personas respecto a cómo manejar sus niveles de estrés.

Todos los días le doy gracias a Dios porque el estrés existe. Si no fuera por el estrés, ¡yo no tendría trabajo!

Pero, ¿quiere que le diga algo interesante? *Usted* también debería darle las gracias al cielo por el estrés cada mañana.

¡Es una señal del cielo!

En todos los años que llevo hablando sobre el estrés, siempre escucho las mismas quejas: "¡Mi vida es tan estresante que no puedo soportarla!" "¿Qué puedo hacer para deshacerme del estrés en mi vida?" "Sufro de tanto estrés que no puedo dormir ni comer." "Por favor, ¡ayúdeme a liberarme del estrés!" "¡No hay cabida para el estrés en mi vida!"

Lo primero que deseo que las personas hagan es: agradecer a Dios por el estrés que hay en sus vidas. Deben arrodillarse y agradecer el estrés todos los días. El único momento en que tendrán una vida sin estrés es cuando mueran. Creo que deberíamos tener como un pequeño mantra para decirnos: *"Bendito sea este estrés; ¡me ayuda a darme cuenta del desastre que soy!"*

¿Qué es lo que tiene nuestra sociedad que nos hace pensar que el estrés es un enemigo? Es de lo único que hablamos, ¿no es así?

Yo no sé ustedes, pero yo me siento estresada con solo escuchar a todo el mundo *¡hablar* de su estrés!

Hablamos como si el estrés fuera un derivado horrible de una sociedad abrumada; como si el estrés fuera una enfermedad que tuviera que ser curada; como si el estrés fuera algo que debería ser erradicado de nuestras vidas con el fin de llevar una vida sana y pacífica.

2

Pero el estrés no es algo que hay que esconder ni erradicar. El estrés es una señal. Cuando usted lo reconoce y trabaja *con* él, en vez de contra él, puede aprender mucho sobre lo que tiene que hacer para ser más feliz y más sano. El estrés es en realidad una bendición que puede ayudarlo a comprender cuando tiene que hacer cambios en su vida.

Advierta las señales

Debemos apreciar el hecho de que nuestros cuerpos tengan una forma de decirnos que debemos tomar acción. Debemos detenernos, pensar y advertir lo que nuestro cuerpo nos está diciendo cuando nos sentimos estresados. En vez de sencillamente dejarnos arrastrar por la ira y la tensión que el estrés produce en la mayoría de las personas, ¿no sería más interesante tratar de escuchar las señales? ¿No sería útil advertir cuándo estamos actuando de forma irracional tal como el estrés nos hace actuar algunas veces, y hacer algo al respecto? ¿No deberíamos comprender que el estrés es un síntoma y no una causa?

En uno de mis seminarios, una mujer me dijo en una ocasión que cuando ella sentía mucha presión y mucho estrés, le gritaba a su perro. Ahora bien, parece risible cuando uno lo lee, pero honestamente,

3

¿no hacemos todos este mismo tipo de cosas? ¿No le grita a sus zapatos si se rompe un cordón cuando está retrasado para llegar a su trabajo? ¿No golpea el volante de su auto si éste no quiere arrancar? Y, en el peor de los casos, ¿no se descubre gritándole a sus hijos y a sus seres queridos, cuando en realidad usted está enojado con algo que no tiene nada que ver con ellos?

Por qué no tratamos de entrenarnos para detenernos y decir: "En verdad, acabo de gritarle al perro. Yo no soy así. Y, además, es ridículo que le grite a mi perro. Es un perro. No habla español. No entiende que está en mi camino. La mayoría de los días, mi perro se queda ahí y no hace nada. ¿Por qué le estoy gritando ahora? ¿Es verdad su culpa?"

4

Las señales del estrés están por todas partes. Le gritamos al locutor de la radio; actuamos de manera irracional en el tráfico; nos enfurecemos por el ruido que ocasiona la conducta de los niños divirtiéndose; nos preguntamos si hay un complot contra nosotros en el trabajo; sentimos como que todas las personas que están en la fila delante de nosotros están ahí solo con el propósito de enojarnos..., nos da taquicardia y se nos sube la tensión arterial.

Algunas veces sentimos gran amargura y enojo por tareas mundanas y repetitivas: "¿Por qué estás poniendo los platos en el fregadero justo después de que los acabo de lavar?" "¡Acabo de tender la cama!

¿Por qué te acuestas sobre ella?" Como si hacer todo esto una vez fuera suficiente.

Debemos estar alerta, notar estos síntomas y buscar las razones por las cuales hacemos lo que hacemos. Debemos reconocer las causas subyacentes y tomar acción. Pero con frecuencia no lo hacemos. Más bien, buscamos maneras sencillas de aliviar los síntomas del estrés y hacer que nos sintamos mejor en un corto tiempo. Pero este es un juego peligroso: es como ver la luz roja y las luces de alarma de un cruce de ferrocarril. Uno puede reconocer que la señal es importante y que es mejor desacelerar. O uno puede intentar pasar la carrilera antes de que llegue el tren, y claro, si usted hace esto último, es muy probable que termine aplastado como una tortilla.

Si no le presta atención a las señales, ellas no harán otra cosa que incrementarse cada vez más. En vez de gritarle al perro, le gritará a su jefe y perderá su empleo. En vez de tener una leve taquicardia, terminará sufriendo un infarto. En vez de tener un ligero dolor de cabeza, terminará debilitado por las migrañas.

Debemos prestarle atención a las señales y hacer algo al respecto. Siempre me fascina el hecho de que los budistas ven el sufrimiento como una oportunidad para el crecimiento; y ven el dolor y el placer como dos lados de la misma moneda. De manera similar, el estrés puede ser el umbral que nos lleva a una vida mejor si seguimos el camino en la dirección correcta.

PRESTE ATENCIÓN A ALGUNOS SÍNTOMAS COMUNES DE ESTRÉS

Cambios de humor: ¿Llora con facilidad? ¿O experimenta sentimientos extremos?

Falta de habilidad para concentrarse: ¿Encuentra dificultad para recordar eventos o conversaciones recientes?

6

Conducta obsesiva: ¿Es capaz de detenerse y dejar de tomar? ¿De comer? ¿De trabajar? ¿De hacer compras?

Insomnio: ¿Se despierta en medio de la noche con pensamientos que atraviesan su mente?

Irritabilidad: ¿Algunas veces hasta las cosas más triviales lo hacen salirse de sus casillas?

Aislamiento: ¿Se descubre a menudo aislándose de los círculos sociales, sintiéndose mejor en soledad?

Los tres niveles reductores de estrés

A nuestra sociedad le encantan las soluciones rápidas, sin mencionar que todos creemos que podemos comprar un producto que va a resolver nuestros problemas en cuestión de segundos. Y puesto que todos buscamos con tanto ahínco una solución para las incomodidades, el estrés y la tensión, el manejo del estrés se ha convertido en un enorme segmento de nuestra economía.

Muchos productos de consumo pueden ser positivos y hacernos sentir mejor. Cosas como: jabones de lavanda, velas aromáticas, inciensos de aromas intensos, escuchar el sonido del agua corriendo, en verdad mejoran la vida de las personas a quienes les agrada este tipo de cosas. A mí personalmente me agradan muchos de estos productos, y pienso que tener estas cosas calmantes y con deliciosos aromas a mi alrededor *realmente* me hacen sentir mejor en mi vida diaria.

Pero eso sí, ver estas ayudas externas como un verdadero método para lidiar con el estrés en su vida, es como ponerse una venda adhesiva cuando uno necesita una cirugía a corazón abierto. Y esto sin mencionar que para algunas personas puede ser incluso algo que *incremente* el estrés: ¿qué pasa si usted no puede costear una clase de dibujo? Supongamos que usted va a seis

7

tiendas y no logra encontrar esa crema de lavanda para la piel que le gusta tanto.

Estas son cosas superficiales que pueden, por unos momentos, aliviar el dolor y la ansiedad, pero eso es todo lo que hacen. Estas cosas pertenecen, digamos, al nivel superior de una pirámide que lo ayudará a comprender y a manejar el estrés.

El nivel intermedio es aquel que apoya al cuerpo y a la mente: terapias y programas más sustanciales que pueden ayudar a su cuerpo a desarrollarse y a aprender cómo cuidarse. Por ejemplo, puede tratar programas de ejercicio tales como yoga o Pilates, o cualquier cosa que lo ayude a fortalecer su cuerpo y por lo tanto le brinde más poder y resistencia. Además, tenemos el masaje, el cual ha sido comprobado como un medio que produce un efecto inmediato sobre el sistema inmunológico. También forman parte del nivel intermedio, cierto tipo de terapias de la conducta por medio de las cuales usted aprende a dejar de sumergirse en la negatividad. Pero estos dos niveles no pueden perdurar sin una base. El núcleo central debe ser sólido para que el resto pueda ser de alguna utilidad. No importa cuántas velas encienda ni cuántas posiciones de yoga logre perfeccionar, usted debe construir una base sólida antes de que pueda comprender realmente y hacer buen uso de las virtudes del estrés.

8

Y esto es de lo que realmente trata este libro: de las cosas en su vida que son profundamente estimulantes y que lo ayudan a equilibrar su vida y a brindarle poder y propósito. Si no observa con detenimiento los asuntos más significativos de su vida, no será capaz de hacer gran cosa respecto a su estrés. Debe preguntarse si tiene suficiente diversión en su vida, y si comprende cuáles son las cosas más importantes para usted. Debe buscar conexiones más profundas con las personas, vivir con integridad y encontrar equilibrio y moderación.

Si se supone que la vida sea para disfrutarla, entonces es preciso que usted crea verdaderamente que todo es cuestión de cuánta alegría hay en su vida. Debe advertir las maravillas que lo rodean cada día. Debe celebrar la vida. En otras palabras, ¡debe sentir orgullo al ponerse sus pantalones de fiesta!

9

LLEVE UN DIARIO DE SUS MOMENTOS ALEGRES

Una técnica muy útil para descubrir su verdadera esencia, y ser capaz de comprender el estrés en su vida es llevar un Diario de la Alegría.

La alegría no es cuestión de culpa, ira, amargura ni resentimiento. Proviene de la paz interior, del poder de dar y recibir, y de la habilidad de apreciarlo. Es sentir gratitud por el don de estar vivos. Llevar un Diario de la Alegría lo ayuda a mantener un sentimiento de júbilo, una sensación de estar surcando los cielos con las águilas en vez de escarbando la tierra con los pavos. Comenzar su día escribiendo en su diario parece ser que reduce el estrés considerablemente.

Tiene mucho sentido, ¿no es así? La mayoría de nosotros comienza el día revisando las cosas que tenemos que hacer: una lista interminable de tareas y deberes. Y pensamos en todas las posibilidades de que algo salga mal. Comenzamos concentrando por adelantado todos los horrores posibles en las siguientes quince horas, y sufrimos de todo ese dolor y preocupaciones antes de tomar el café en la mañana.

10

No sé por qué parece como si a todos nos encantara torturarnos, pero lo hacemos, ¿no es cierto? Incluso les sugiero a las personas que acuden a mis seminarios, que se compren de una vez un látigo para que se auto-flagelen en los momentos apropiados. La imagen visual puede crear un "eureka" interno, un momento de reconocimiento que los ayude a ver lo absurdo que son sus latigazos internos.

En vez de comenzar su día haciendo el papel de esclavo, ¿por qué no comienza con una dosis completa de alegría? Enfóquese durante unos minutos en las cosas buenas, las cosas que lo hacen sentir maravilloso y hermoso en vez de fastidiado y fuera de control.

Si le cuesta empezar, trate algunas de las ideas siguientes para avanzar en la dirección correcta:

11

1. Piense en todas las personas que han provocado cambios positivos en su vida.

2. Haga una lista de tres o cuatro cosas que usted sabe hacer bien.

3. Escriba por lo menos cinco cosas que le gusten de sí mismo.

4. Piense en una ocasión en que sentía tanto amor en su corazón que pensó que iba a estallar.

5. Piense en algunas de las actividades favoritas que disfrutaba cuando niño (nadar, saltar la cuerda, patinar...) Haga una lista y piense en métodos para volver a hacerlas.

6. Piense en cinco cualidades que adora en su pareja o cónyuge. Escríbalas y luego digáselas a él o a ella.

12

7. Piense en un momento de su pasado en que sintió apoyo mientras pasaba por un momento duro. ¿Qué sintió exactamente?

8. Recuerde tres ocasiones en que sintió paz interior y serenidad. ¿Puede capturar ese sentimiento? ¿En dónde estaba? ¿Por qué se sentía tan bien?

9. Piense en algo que podría perdonar, y las consecuencias en su vida de ese acto de perdón.

10. ¿Con quién es la persona con quien más se ríe? Recuerde una carcajada tan grande que pensó que se iba a reventar de la risa.

Hay cientos de cosas que nos proporcionan alegría. Comience su día con una de ellas y empiece a honrar su vida... en vez de honrar su ansiedad.

13

¿Por qué nos complicamos la vida por trivialidades?

Hace poco conduje un taller en el cual conocí a una mujer para quien el tema de las toallas era de suma importancia. Era un asunto tan importante para ella, como lo es la economía para Alan Greenspan (el Legislador del Banco Americano).

Ella adoraba sus toallas. Para ella, una toalla de hermoso diseño y perfectamente coordinada con su cocina o con su baño era una obra de arte. Ella escogía sus toallas al igual que Julia Child escoge sus tomates. Tenían que ser del color, la textura y el espesor perfectos. Debían doblarse y colocarse de manera tal que lucieran ligeras, suaves y atractivas. Era crucial para ella la manera en que se ordenaran y se seleccionaran.

Las toallas eran una muestra clara de la manera en que ella se sentía respecto a su hogar, así como de su gusto y estilo personal.

El problema era que su esposo no compartía su misma estética ni prioridades. Para él, una toalla era simplemente con lo que uno se seca las manos.

Cuando ella comenzó a hablar sobre este tema en el grupo, era evidente que era algo con lo que llevaba años lidiando. De repente su esposo se convirtió en Atila el Huno porque usó una de sus toallas para "invitados" para secarse el rostro después de una ducha. "¡Dios mío!," dijo, "¿cómo puede ser tan desconsiderado?" Una vez lo atrapó usando una de sus toallas de cocina para limpiar un desorden en el piso.

14

No intento de ninguna manera menospreciar los problemas de esta mujer. De hecho, le agradezco su aporte, y el haber expresado con tal claridad algo que todos probablemente hacemos de alguna manera varias veces al día. Es decir, convertimos trivialidades en asuntos de gravedad, en problemas globales. Es obvio que estos detalles (como el de las toallas) no son en verdad lo que nos molesta; más bien, son manifestaciones de asuntos más graves en nuestras vidas.

Pero sean cuales sean las razones, el efecto es que convertimos algo insignificante tal como un grano en el trasero de un elefante, en un conflicto nuclear.

Había otra mujer en el grupo que tenía un caso muy similar con los cojines. Los coleccionaba: unos bordados y elegantes, otros sencillos y en seda, de todos los tipos posibles, y le encantaba esparcirlos por toda sala. Pero el atrevido de su esposo, tomaba a veces una siesta sobre el sofá y colocaba su cabeza sobre uno de ellos. ¡Imagínense! La grasa del gel de su cabello quedaba sobre el cojín, y esto la volvía loca.

Es claro que en el caso de los dos esposos que hemos mencionado, ellos habrían podido ser más considerados respecto a los asuntos importantes para sus esposas. Y de igual manera, las esposas podrían haber sido más conscientes de que sus obsesiones probablemente hacían sentir a sus esposos menos importantes que las toallas o los cojines. Pero a menos que ellas descubran la manera de enfrentar el hecho de que están llenas de ira hacia sus esposos por unos pedazos de tela, no hay solución a la vista.

Les sugerí a ambas mujeres que trataran de encontrar la manera de burlarse de sus respectivas situaciones con el fin de neutralizar el conflicto en aumento. Al tomarlo tan en serio, ellas estaban en una lucha de poderes con sus esposos respecto a cuáles de sus prioridades eran más importantes. Les recordé que es mucho más fácil restarle importancia a este tipo de cosas. Al final de nuestro taller, la mujer de los cojines decidió que le compraría a su esposo su *propio* cojín, el cual podría engrasar todo lo que quisiera. También se imaginó autobuses que harían giras a su hogar en los suburbios, y pagarían mucho dinero para ver su magnífica colección de cojines.

La otra mujer decidió que la siguiente vez que atrapara a su esposo usando una de sus finas toallas de cocina para limpiar un desorden en el piso, se pondría de rodillas y le diría: "Gracias, mi amo." ¡Eso llamaría su atención!

> *"Estar en control de la mente significa*
> *que prácticamente cualquier cosa que ocurra*
> *puede ser un motivo de alegría."*
> Mihaly Csikszentmihalyi

16

Debemos observar la gran cantidad de energía que desperdiciamos sintiéndonos mal, ansiosos y en conflicto, y buscar la fuente real. Si es algo trivial, ¿por qué molestarnos? Debemos preguntarnos: ¿de verdad vale la pena? ¿voy a perder mi matrimonio por este cojín? ¿vale la pena dejar de dormir una noche por eso? ¿es digno de mi atención este asunto?

Si todos tomáramos la energía que desperdiciamos en preocuparnos y en obsesionarnos por las pequeñeces, ¡experimentaríamos la paz mundial en un día!

TERGIVERSACIONES COGNOSCITIVAS

A menudo contribuimos con nuestros sentimientos de estrés y ansiedad al no ver claramente las cosas a nuestro alrededor; nos apegamos emocionalmente demasiado a una cierta manera de pensar, o a nuestro pasado, y tergiversamos la realidad. Reconocer este patrón es uno de los primeros pasos hacia el éxito en el manejo del estrés. ¿Alguno de los siguientes patrones de ideas tergiversadas le aplican?

17

Negro o blanco: No hay tonalidades de grises, y no hay término medio. Usted siempre se va a los extremos. Está conduciendo sobre un puente, se pone en la fila más lenta y piensa: *¡Nunca escojo la fila que va rápida!*

Rechazar lo positivo: No puede creerlo cuando le ocurren cosas buenas. Ejecuta un magnífico recital de piano y piensa: *¡ah, pero cometí un error en el tercer compás!* O alguien lo felicita por un trabajo bien hecho y usted raciocina: *cualquiera habría podido hacerlo.* Y de verdad lo cree.

Generalizar: Está obsesionado con una cosa negativa y la ve como un patrón de negatividad. Pierde un cliente y piensa: *¡Jamás lograré tener éxito en este negocio! No tengo lo que hace falta para lograrlo.*

Comparaciones negativas: Siempre está mirando a los demás buscando cosas en las cuales ellos son mejores que usted.

Complejo de víctima: No importa el escenario, usted puede probar que jamás llevará una vida decente. Por ejemplo: *¡Perdí el autobús! ¿Ves? ¡Esto es lo que me pasa siempre! Todo me sale mal.*

18

Insultarse: Usted tiende a llenarse de pensamientos negativos por una mosca que pasa. Se derrama una gota de sopa sobre su regazo y piensa: *¡Dios mío, soy una asquerosa! No debería salir en público.*

Ser clarividente: Usted sabe que el resultado de cualquier situación siempre será negativo, entonces, ¿para qué intentarlo?: *jamás ganaré ese concurso literario, ¿para qué me tomo la molestia de participar?*

> **"Debería haber hecho esto o lo otro":**
> No importa la situación, siempre se le ocurre
> algo que *debería* haber hecho, o *debería* haber
> dicho, en vez de lo que en verdad haya ocurri-
> do. Es una forma de culparse por no ser siem-
> pre perfecto.

Encontrar la tergiversación

A continuación veremos una pequeña táctica para
llegar rápidamente al meollo de los pensamientos ter-
giversados. Tome una hoja de papel y un lapicero.
Escriba algo que realmente desee lograr en su vida,
algo que sea muy importante para usted, que piense
que puede mejorar su vida en sobremanera si lo logra.
Algunas personas que han hecho este ejercicio con-
migo han usado los ejemplos siguientes: *deseo mejorar
mi matrimonio, deseo escribir una novela, deseo encontrar
al hijo que entregué en adopción,* o *deseo graduarme en la
universidad.*

Una vez que lo ha hecho, comience a escribir todas
las razones que se le ocurran para no poder conseguir
nunca su propósito. Pero no invente cosas. Escriba lo
que de verdad le esté dictando su mente para prevenir
que cumpla sus metas.

Podría resultar con pensamientos tales como:

✳ *No tengo la inteligencia suficiente.*

✳ *No tengo el talento suficiente.*

✳ *No tengo la persistencia necesaria.*

✳ *No tengo lo que hace falta para lograrlo.*

✳ *Hay demasiada competencia.*

✳ *Estoy muy cansado.*

✳ *Siempre he fracasado, ¿por qué sería distinto ahora?*

20

Ahora bien, una vez que ha llegado a esta fase, va a hacer un giro de 180 grados. Su misión es tomar cada uno de estos pensamientos negativos y refutarlo.

Tiene que ver su hoja de papel y si dice: "No tengo la persistencia necesaria," debe convertirse en su abogado de defensa y comenzar a pensar en cosas que prueban que usted *sí* termina lo que comienza. Por ejemplo, en esa ocasión en que construyó la perrera que los niños querían. ¡Y eso que fueron tres fines de semana de arduo trabajo! ¿Y qué tal el informe de cincuenta páginas que escribió en su empleo? Claro que se tomó mucho tiempo, pero lo terminó.

Muy pronto, esos pensamientos negativos se convierten en afirmaciones positivas: "*No* siempre dejo las cosas por la mitad." "*Termino* las cosas" "*Terminaré* esa novela en la que he estado trabajando todo este tiempo"

Claro, usted jamás cambiará su percepción en el acto. Pero este ejercicio podría brindarle el impulso necesario para ver las cosas que se interponen en su camino, y podría ayudarlo a quitar esos obstáculos.

Cantar una tonada melancólica

Uno de mis métodos favoritos para hacer que las personas vean sus propias contradicciones, y también les ayude a comprender mejor su estrés, es ofrecerles métodos poco convencionales de enfocarse y articular las cosas que los molestan. Una de las formas más divertidas de hacerlo es pedirles que canten las cosas que los perturban.

21

En los talleres que realizo en institutos médicos que trabajan la mente y el cuerpo, y en otros talleres, les pido a las personas que suban al escenario conmigo, que piensen en los asuntos que les provocan mayor estrés y ansiedad, y canten a todo pulmón sus problemas en forma de una tonada melancólica. Algunas personas llegan a sacar cosas muy serias, pero al final nadie se ríe más fuerte que el propio cantante.

Este ejercicio calma los nervios, alivia la ansiedad, y puede llegar a cambiar su actitud al respecto. Cuando usted cambia la forma en que percibe una situación, está en mejor posición para resolverla.

Es fácil, y le pido que lo intente. Una tonada melancólica o *blues* es una estructura muy sencilla. A menudo comienza así: *"Esta mañana desperté...,"* y luego arranca con una letanía de todo el dolor y el sufrimiento por el cual el cantante tuvo que pasar. Con frecuencia se trata de pérdidas y miserias. Algunas veces, usar esta sencilla estructura para enmarcar nuestros pensamientos respecto a algunos asuntos triviales, puede desactivar el poder que esas cosas tienen sobre nosotros.

Aquí vemos algunos ejemplos de tonadas melancólicas que fueron creadas y presentadas en uno de mis seminarios más recientes:

Esta mañana desperté
y ahí me los encontré
esos malditos restos de fresas en el fregadero
canto mi tristeza porque mi marido deja por
  todos lados reguero

Me odio esta mañana
ya no me entra la ropa
mi trasero creció dos tallas esta semana
hasta mis pies están gordos como bolas
canto mi tristeza por mi gordura

no puedo parar esta locura
son demasiados gordos
aunque mi marido diga que me veo hermosa
siento mi tristeza al ver este cuerpo de osa
¿me pasa alguien una torta bien cremosa?

Me desperté solo esta mañana
y así mismo me acosté
le salgo corriendo al compromiso del amor
y ahora me ataca la tristeza
mi desolación y mi soledad son puro dolor
nada que encuentro a una chica, nada..., sigo
    escapándome de esa belleza.

23

Desperté esta mañana
y no había pegado un ojo en toda la noche
mi bebé no para de llorar
y la basura ya es todo un derroche
cambio pañales sin cesar
y le doy su cereal
no me queda un minuto para peinarme ni
    para descansar
mi tristeza es la de ser una mártir,
    soy una nueva mamá.

Y la siguiente es la canción de la mujer de la cual hablaba anteriormente, aquella que tenía problemas con sus cojines:

Desperté esta mañana
ni siquiera quería levantarme
sabía que mis cojines estarían hechos un desastre
llenos de suciedad y pelos de gatos
mi canción de tristeza es porque quiero ver mis
*   cojines intactos*
eso me acosa día y noche sin parar
sé que mis cojines no están como deben estar
y nada en mi vida es ahora ideal.

24

¿Dónde está la diversión?

Parece que de lo único que hablamos es del estrés que tenemos en nuestras vidas, pero, ¿por qué parece que nadie quisiera hablar sobre las cosas *divertidas* que le pasan?

Jamás he escuchado a una sola persona decir: "Soy un desastre, ¡no he hecho más que divertirme hoy!" Claro que no, porque esa es una declaración totalmente ilógica. La diversión anula el estrés por completo. La química de la diversión reduce nuestros niveles de ansiedad y nos enraíza en el momento. Y cuando vivimos el presente esto hace que la mente detenga las incesantes exigencias que nos llevan a sentirnos estresados.

Quizá una manera de contrarrestar los aspectos negativos del estrés, es darnos permiso de pasar la misma cantidad de tiempo en la búsqueda de aspectos positivos. Si usted pasa diez minutos al día decaído, sintiendo preocupación por la cantidad de trabajo que reposa en su escritorio, pase diez minutos al día pensando en que va a nadar en el lago el fin de semana siguiente. Si pasa media hora obsesionado por el tráfico pesado y por lo retrasado que va a llegar a la cena, pase media hora escuchando su música favorita y disfrutando cada minuto de ese periodo de tiempo.

25

Mi madre solía decirme: "Podrás divertirte cuando termines tus tareas." ¿Y no es esa acaso la forma en que todos vivimos nuestras vidas? No nos permitimos disfrutar hasta que hayamos terminado con todas las labores pendientes.

Pero, a ver... Nuestras labores jamás se terminan. Y jamás se terminarán. ¡Bienvenidos al mundo real! Una vida sin estrés es una vida sin retos ni pasión.

¡No espere más! Incorpore la diversión en todos los momentos de su vida. Al final de su vida, será ovacionado con una lista de todas las cosas maravillosas que usted haya hecho por usted y por los demás.

A nadie le importa cuántos armarios haya limpiado o cuántas veces haya terminado su lista de cosas por hacer. *¡Celebre a menudo su vida!* No importa qué tanto estrés pueda sentir, póngase sus pantalones de fiesta, y comprenda que el estrés es solamente otra parte de esta maravillosa aventura llamada *¡vida!*

26

2

SI NO ES AHORA, ¿CUÁNDO?

"Una vida maravillosa requiere vivir en el ahora."

Muchos de nosotros pasamos gran parte del día —algunas veces incluso semanas— inconscientes de la realidad de los momentos presentes que componen nuestras vidas. Pasamos gran parte de nuestro tiempo concentrados en nuestros pensamientos, demasiado involucrados en los recuerdos de nuestro pasado y planificando nuestro futuro, de tal manera, que ni siquiera le prestamos atención a los detalles que nos ocurren en el presente. Es como si el presente solamente fuera el ensayo de un suceso imaginado en el futuro.

Imagínese a una mujer en un supermercado caminando por los pasillos mientras hace sus compras, en su mente, ella comienza a hacer un cuadro de la catástrofe que esto significa. Está viendo cómo llega a casa con sus compras, las coloca en su lugar, usa los ingredientes para preparar comidas que su familia ya ha devorado, y ya está de regreso al supermercado haciendo compras de nuevo, ¡vaya horror!

Está ahí sintiendo enojo y resentimiento, pensando: *¿Por qué diablos estoy haciendo esto cuando de todas maneras tengo que regresar aquí la próxima semana? ¡Ya he hecho esto tantas veces! Ahora tengo que hacerlo de nuevo y jamás voy a dejar de hacerlo. ¡Es como el purgatorio de las compras! Estoy condenada para siempre, atrapada en esta fila esperando un turno que nadie va a llamar.*

Luego sus pensamientos comienzan a acelerarse: *si no tuviera que desperdiciar mi tiempo yendo al supermercado de esta manera, entonces la vida sería mucho mejor. Soy demasiado importante como para tener que ir tantas veces al supermercado. Tengo que revisar mis mensajes electrónicos, revisar mis cuentas y discutir los matices de mis relaciones.*

Si esta mujer no está viviendo en el presente, *¿cuándo* lo hará entonces? El hecho es que estas pequeñas cosas jamás cesarán de ocurrir. Conforman la vida. La vida *se compone* de las idas al supermercado, se compone de pequeños eventos que son maravillosos o trágicos, o molestos o dolorosos, o divertidos. Entonces, ¿por qué mientras espera en la fila, mejor no se maravilla ante el tesoro de cosas que la rodean? ¿Por qué no aprecia la habilidad de sus sentidos del gusto y el olfato? ¿Por qué no se deleita ante la fascinante afirmación de que puede *costear* los alimentos que está a punto de comprar?

El rabino Abraham Joshua Heschel dijo en una ocasión: "El tiempo es la dimensión en la cual nos hacemos conscientes de que cada instante es un acto de creación", y que "la auténtica existencia requiere trabajo y celebración, rituales y oración, y aprecio por la naturaleza del tiempo."

Cada momento es "el" momento: bueno, malo e indiferente. Es lo que usted está haciendo, es la vida que lleva. Negarlo, y vivir alternativas en su mente es negar su propia existencia.

29

¿Estás en la luna?

Recuerda cuando era un niño y se quedaba "alelado", y su madre decía: "¿Oye? ¿En dónde estás? ¡Regresa! ¿Estás en la luna?"

De adulto, es probable que haya enterrado u olvidado ese maravilloso lugar en donde encontraba paz y armonía internas. Los niños sueñan despiertos a menudo con mucha facilidad debido a su capacidad de enfocarse en el momento en que viven.

Si los niños ven una cometa, una pelota, un pájaro o cualquier cosa que les inspire fantasía, son capaces de concentrarse por entero en eso y seguir sus huellas totalmente absortos. Es como si el niño se convirtiera en *uno* con el objeto.

Esto cada vez se dificulta más mientras nuestras mentes se van congestionando con las exigencias de la vida adulta. ¿Con qué frecuencia se ha sentado por unos momentos de ocio, y ha escuchado esa fastidiosa vocecita interna que le dice: *¿Qué haces ahí sentado? No tienes tiempo para eso. ¡Levántate! ¡Tienes mucho que hacer! ¡Muévete!*

Los niños no tienen todavía esas voces en sus cabezas. Esa es la razón por la cual debemos acosarlos para que limpien sus habitaciones, recojan sus juguetes y se fijen en lo que hacen. Están tan imbuidos por el deleite y la aventura de las actividades en las cuales están enfocados, que no nos sorprende que los padres les digan con frecuencia: "¡Te estoy hablando! ¡Escucha!" Es como si estuviéramos desesperados por tratar de romper el embrujo, aunque fuera por un minuto.

Pero podemos aprender de nuevo a embelesarnos, a viajar "a la luna." No es cuestión de escribir otro informe, o de responder unos cuantos mensajes electrónicos extras, es cuestión de estar más en contacto con el universo.

Cuando estamos en concierto con algo o con alguien que amamos, estamos en un estado de "flujo," en donde el tiempo y el espacio desaparecen,

30

nuestro tiempo se expande, y somos literalmente uno con el universo. Nuestras mentes se desmaterializan, se desapegan de las preocupaciones diarias, y nuestros cuerpos liberan las tensiones que a menudo nos hacen lucir como arañas fumigadas.

He descubierto que estar en mi jardín me transporta a ese mundo. Cuando estoy allí, trasciendo el tiempo y el espacio y me olvido de mis preocupaciones y angustias durante un tiempo. Usted también puede viajar "a la luna". Sólo debe tomar un poco de tiempo para meditar, orar, llevar un diario, caminar en la naturaleza, pasar el tiempo con un ser amado, o practicar cualquier actividad que lo lleve a un lugar mágico en donde el tiempo se detenga.

31

¡Bienvenido a Nirvana!

En los últimos años, vivir en el momento se ha convertido en algo más accesible a través de los numerosos libros y cintas de video sobre Budismo que se encuentran en el comercio. Uno de los pilares del Budismo es la meditación, la cual entrena la mente para acallar su parloteo interno y así poder abrirse a una vida más amorosa y pacífica. Los budistas también parecen comprender la máxima ironía de que la naturaleza propia de estar vivos conlleva su dosis justa de sufrimiento.

Si logramos comprender por completo esta verdad, y acogerla, entonces en cada momento carente de dolor podremos resonar en la alegría, puesto que tendríamos un convencimiento profundo de que el siguiente momento podría ser de dolor intenso. Pero esto es muy difícil para nuestras mentes occidentales, ya que nuestra cultura nos ha enseñado a confiar en dosis intensas de ideas mágicas o de satisfacciones inmediatas. ¿Cuántas veces decimos: "Si sólo esto pudiera acabarse, entonces sería feliz," "Cuando me vaya de vacaciones, me sentiré mejor," o "Estoy anhelando que llegue el viernes?" Incluso tenemos un restaurante que se llama "Gracias a Dios es viernes." ¿Por qué no podemos decir "Gracias a Dios es lunes?" Vivir nuestras vidas como si el viernes fuera el día del máximo alivio nos programa para perdernos de las oportunidades dichosas que nos pueda brindar un jueves, un miércoles, o incluso un lunes.

"Poseo un mapa existencial en donde la frase 'estás aquí' está escrita por todas partes."
Steven Wright

❃

¿Alguna vez ha planificado lo que usted espera sean unas vacaciones formidables? Recopila toneladas de folletos de fotos con haciendas magníficas, palmeras, piscinas olímpicas y lagunas transparentes? En su mente, se ve recogiendo frutas nativas de los viñedos y dejando que su jugo ruede por su pecho. Se deleita en un clima perfecto, consumiendo alimentos deliciosísimos, y llevando una vida sexual espectacular... (probablemente con solo hacerlo *una* vez ya sería suficiente, porque la mayoría estamos tan ocupados que ni siquiera pensamos en eso).

Pero cuando llega, ¿qué ocurre? Descubre que las fotos de los folletos habían sido tomadas hace veinte años cuando el hotel había sido construido. Ahora han cerrado la mitad de sus instalaciones, la piscina está vacía, el lago ha sido clausurado debido a la polución, y el tanque séptico se ha desbordado. Y sentada al frente se encuentra una vieja desdentada con un letrero que dice: ¡BIENVENIDO A NIRVANA!

¿Cuántas veces nuestras vidas terminan así? Las expectativas son mucho mayores y consumen mucho más tiempo que la realidad. Por ejemplo, cambia de empleo porque está insatisfecho con el anterior. Lleva tres semanas en el nuevo empleo y ocurre una "reorganización", su oficina del rincón de repente se convierte en un cubículo, su plan de retiros ya no vale nada, y

33

su "cuenta para gastos" le alcanza para un almuerzo al mes en McDonald's.

O compra la casa de sus sueños y descubre un moho espantoso en el sótano. Al cabo de seis meses, su casa vale más como fábrica de penicilina que como casa. O piensa que ha encontrado a la persona de sus sueños y se siente en la gloria con su alma gemela. Luego va a la oficina de correos a enviar las invitaciones para su boda... y se encuentra con la foto de su prometido en un afiche del FBI de los "más buscados".

34

Toda esta elocuencia no pretende de forma alguna negar el hecho de que nuestro futuro puede ser prometedor y lleno de alegría. Es el futuro el que le brinda a nuestros sueños viabilidad, y le ayuda a mantener viva la llama de la esperanza. Pero cuando pasamos demasiado tiempo usando nuestra esperanza en el futuro como medio para alejarnos de las realidades del presente, cambiamos nuestras expectativas por desengaños.

INTENTE REALIZAR ESTOS SIMPLES EJERCICIOS

❋ Despiértese todos los días y declare: "¡Estoy de vuelta!" (Si vive con más personas, dígaselo a todos).

❋ Durante la semana, pretenda que está de "vacaciones laborales," y disfrute de cada momento del día.

❋ Dígale a por lo menos tres personas de su trabajo lo feliz que se siente de poder respirar.

35

Deles rápidamente lo que quieren

A menudo es imposible enfocarse en el "aquí y ahora," sencillamente porque la mente parece tener... su propia mente. Todos tenemos personalidades escondidas que salen a flote a lo largo del día, instruyéndonos sobre cómo o qué deberíamos estar haciendo. Muchas de ellas son compendios de padres, parejas, hermanos, colegas de trabajo y de nosotros mismos; y a menudo es difícil distinguir una voz de la otra. Su común denominador es que ellas interfieren e intentan

decirnos todas las cosas que *deberíamos* hacer o pen-
sar, por ejemplo: *¡Dios mío, todo lo que tengo que hacer!*
Tengo que regresar a la oficina. Me siento gordo. Mejor
termino mi almuerzo, es horrible desperdiciar comida. Voy
a tener que comprar de camino a casa una caja de arena
para las necesidades del gato. ¿Les suena familiar?

Y así sigue la lista durante prácticamente todo
el día. Las voces pueden recriminarnos o pueden
recordarnos cosas positivas. No importa en realidad.
La cuestión es que ellas nos alejan de lo que nos está
ocurriendo en el momento.

36

Imagínese tomando una caminata de contem-
plación por un sendero en una montaña que serpentea
hasta llegar a un lago azul cristalino. Escucha el sonido
calmante del agua cayendo sobre la orilla; y la dulce
melodía de los pájaros, el canto de los grillos y el
susurro de las hojas en el viento. Y, sin embargo, usted
estropea por completo la dicha del momento aleján-
dose de él psicológicamente. Se pierde de la majestad
y de la paz natural de la escena debido al parloteo de su
mente, un parloteo que no tiene absolutamente nada
que ver con la belleza de los alrededores, y todo que ver
con el estrés del mundo externo. Usted piensa: *¿Qué*
hora será? Si no logro conseguir ese ascenso y ese aumento
de salario, ¡renuncio! No puedo pagar un techo nuevo en
mi casa ahora mismo. ¿Qué voy a hacer? Y en vez de
caminar alegremente y refrescarse por medio de su

caminata en la naturaleza, ha creado una oportunidad para incrementar su carga, ansiedad y pánico. Porque mientras *piensa* en eso, lo está *sintiendo.*

No es sorprendente que sea algo tan extraño para nosotros permanecer enfocados y atentos. En los últimos años en particular, he escuchado lo importante que es ser capaz de realizar varias tareas a la vez. Si no estamos haciendo cinco cosas distintas a la vez en esta sociedad, no somos lo suficientemente productivos. Debemos poder conducir nuestro auto, hablar por el celular, tomar notas en nuestra Palm Pilot, escuchar por radio los informes del mercado de valores, y leer el periódico, todo al mismo tiempo. Es cosa de locos.

Ya nada es simple y sencillo: cuando compramos una cámara fotográfica, también sirve para cortar verduras, nuestros teléfonos sirven para hacer anotaciones. Nada en nuestro mundo en estos días contribuye a la serenidad y al enfoque.

Solía gustarme ver los noticieros. ¿Han visto el canal de CNN últimamente? Es imposible encontrar al reportero en medio del caos de la pantalla. En la parte inferior y en la parte lateral se desplazan titulares constantemente. Uno tiene que leer y escuchar al tiempo lo que, por lo general son temas distintos. ¡Eso me enloquece! Estoy constantemente distraída. Si leo los letreros, pierdo el sentido de lo que está diciendo el reportero; si escucho al reportero, descubro que me siento atraída por una frase que sale en los titulares que se desplazan por la pantalla, algo así como: "Guisante extraterrestre gigante descubierto en medio de una tienda de Wal-Mart" y pienso: *¡Dios mío, más vale que le ponga atención a eso!*, pero ya es demasiado tarde, se ha ido.

Como consecuencia de todas estas voces y de sus exigencias por llamar nuestra atención, el resultado es: ¿que logramos estar más informados? o ¿simplemente nos distraemos más y nos enfocamos menos en una cosa a la vez? Pienso que esto contribuye en gran parte a la descortesía en nuestra sociedad, al sentimiento de que no tenemos que prestar toda nuestra atención a nadie en ningún momento. De hecho, ¿no parece cada vez más que el mundo alrededor de nosotros, se parece a un canal de televisión sintonizado en el canal de noticias?

38

Detenga el parloteo

Piense en el efecto que todo ese parloteo en su mente tiene en una conversación. Se trata de *comunicarnos*, de un intercambio mutuo, de escuchar a los demás y de escucharnos a nosotros mismos. En realidad es una conexión muy profunda y personal, ¿no es así? Excepto en el caso del sexo, la conversación es probablemente la forma más íntima de comunicación de dos seres humanos. Piense en la raíz de la palabra *comunicar:* "comunidad."

Pero cuando el diálogo en el interior de su mente se convierte en una cacofonía de voces diciéndole lo que tiene que hacer, ¿cómo es posible concentrarse en lo que la otra persona tiene que decir? ¡No es posible! Usted toma ese momento de conexión entre dos personas, y lo convierte en un momento narcisista en el que todo gira a su alrededor. Y entonces, aunque esté hablando con otra persona, en realidad está teniendo una conversación consigo mismo en la cual la otra persona ¡es una intrusa!

La vida se enriquece y se vuelve más significativa, no solamente para nosotros sino también para los demás, cuando podemos vivir verdaderamente en el presente.

39

¡DETENGA LA DANZA DEL CAOS!

El arte de estar presentes es de alguna manera paradójico: debemos aprender a reconocer el parloteo y sus exigencias, y ser capaces de mantenernos en el aquí y ahora. No es una tarea fácil, pero puede aprenderse con paciencia. Piense que los monjes budistas pasan todas sus vidas practicando lo que es conocido comúnmente como *meditación de atención plena,* e incluso ellos atestiguan lo difícil que puede ser.

Cuando su mente comience su danza del caos, sencillamente reconózcalo diciendo algo como: "Aquí viene de nuevo. Sí, ya te oí." Si usted vio la película *Una mente brillante,* recordará que una de las formas en que el personaje principal ayudaba a controlar las alucinaciones que su esquizofrenia creaba, era reconociéndolas, aunque él supiera que no eran reales. Intente la misma técnica en su vida. Escuche las voces y reconózcalas. Luego vuelva a enfocarse en donde estaba.

40

Respetar el momento

Piense en todas las ocasiones en su vida en que se ha reprochado por hacer algo incorrecto. Apuesto que la mayor parte de esos casos no eran particularmente serios, es decir, no eran cruciales ni nadie corría riesgos graves, pero el nivel de auto-flagelación fue brutal. Muchos parecieran estar intensamente sumergidos en el autocastigo al sentirse culpables respecto a todo. Esa es la razón por la cual llaman a la culpa: "el regalo que no cesa de entregarnos sus dones."

Es importante comprender que la culpa es útil; después de todo, ayuda a crear conciencia. La culpa es útil para que nos detenga antes de hacer algo poco ético en nuestras relaciones de negocios, o de actuar con maldad hacia un ser querido. Pero dejar los platos sobre el fregadero o no tender la cama no caen en la misma categoría. Con refunfuñar a causa de tales situaciones mundanas no se logra nada. A menos, por supuesto, que se cree el Premio Óscar para la persona con mayor culpabilidad, y entonces por lo menos serviría para exponer el trofeo en la repisa de la chimenea.

41

Piense por un momento en los cientos de formas distintas en que se puede sentir mal durante el día. Créame, soy experta haciéndolo, aprendí muy bien la técnica. Tuve grandes maestros como mi abuela, que solo se vestía de negro... *por si acaso alguien se moría.*

Hay muchas cosas que han hecho brotar la culpa en mi interior, pero algunas son más poderosas que otras. Tratar de perder peso siempre me ha provocado una gran auto-flagelación. A menudo comienza mucho antes del proceso real de deshacerme de unos cuantos kilos torturándome durante unos meses, pensando en lo mal que me veo y preguntándome siempre: *¿Cómo llegué a pesar tanto?* La respuesta es obvia...:

comí demasiado. Pero eso no parece acallar el monstruo de la repugnancia hacia mí misma, con el cual muchos de nosotros estamos familiarizados.

Mis voces continúan como un coro inspirado: *Te estás poniendo vieja, ¿qué esperabas? ¿Qué le ocurrió a esa cinturita de avispa, ahora es tu muslo que tiene esa medida, ¿no es cierto? Me pregunto cuándo volverás a usar la talla seis que solías usar? Quizá te pongan ropa de esa talla el día que te mueras.* Luego cuando realmente me decido a meterme en algún tipo de programa, las voces me recuerdan que no he hecho suficiente ejercicio, incluso si he recorrido un maratón de 40 kilómetros, o que quizá debería comer menos, aunque mi cena acaba de consistir en una lechuga y una botella de agua.

42

De igual manera, mi amiga Shirley siempre habla de que debería quedarse hasta tarde a terminar su trabajo, incluso teniendo en cuenta que las horas de trabajo extra que ella realiza ya comienzan a superar las horas de trabajo para las cuales fue contratada. Algunos de los colegas de trabajo de Shirley dicen que ella pasa mucho tiempo hablando de su sentimiento de culpabilidad. De alguna manera, este tipo de drama nos proporciona una especie de gratificación negativa, pero además nos extrae la energía y devora nuestro espíritu. Ahora bien, si Shirley pasara la misma cantidad de tiempo haciendo lo que tiene que hacer en el momento, probablemente llegaría a casa temprano. Y he llegado a comprender finalmente (aunque me tomó mucho tiempo) que si paso tanto tiempo caminando, tal como me la paso *hablando* de perder peso, sería una anoréxica en plena recuperación...

Solamente cuando estamos conscientes de cómo y qué nos decimos a nosotros mismos, podemos comprender verdaderamente el presente. Rumi, el poeta persa de la antigüedad no lo pudo describir mejor cuando dijo que debemos despertar, pues llevamos dormidos miles de años.

43

EJERCICIO ANTI-CULPA

Cuando las voces de la culpa comiencen con su parloteo, replique con una enérgica afirmación. Diga: "Mira, puede ser que haya cometido algunos errores en la vida, pero he sobrevivido. Algún tipo de fuerza interior me trajo hasta aquí, y estoy seguro de que me llevará aún más lejos." Escriba sus muestras de fortaleza en su Diario de la Alegría..., y refiérase con frecuencia a esa lista.

"No piense en la posición"

Cuando tomé mi primera clase de yoga hace muchos años, mi maestro era un caballero de edad avanzada llamado Raj. Tenía 65 años pero no se le notaban debido a su cuerpo delgado y musculoso y a su espíritu. De hecho, la primera vez que fui a casa de Raj, su esposa abrió la puerta y me llevó al patio trasero en donde su esposo estaba colgado con los pies hacia arriba de un columpio. Raj saltó rápida y graciosamente por tierra, me dio un apretón de manos, y en su boca se dibujó una esplendorosa sonrisa. Me llegó una sensación de paz increíble, y supe que había encontrado a alguien que sería clave en la dirección que mi vida tomaría.

44

Decidí tomar clases privadas con él, aunque en esa época de mi vida casi no podía costearlas. Deseaba desesperadamente aprender lo que ese hombre podía enseñarme, y comencé a estudiar yoga con ahínco. Mi naturaleza es querer destacarme en todo lo que hago, y eso ha sido tanto mi bendición como mi maldición. Durante mis primeras clases con Raj, lo único que me importaba era si estaba haciendo bien o no las posiciones. Él realizaba una posición y me pedía con gentileza que yo también la hiciera, mientras que su amorosa, cálida y melodiosa voz me recordaba que debía respirar y que me estirara: respirar y estirarme...

Trataba con desesperación de imitarlo, aguantando mi respiración en mi intento de lograrlo. Después de todo, ¿no se trataba de hacerlo bien? ¿Qué tal que me viera ridícula o que no respirara bien o que mi malla se me trepara mucho?

Y cuando Raj lo advirtió, se me acercó y me dijo: "No se trata de las posiciones, Loretta. Fluye y respira, y llegará. Inhala, exhala. *¡Permanece en el ahora!*"

Recuerdo haber pensado que al tipo le faltaba un tornillo. ¿Cómo es posible que pueda llegar a aprender algo solo inhalando y exhalando? ¿Fluir? ¿Cómo logra fluir una absoluta controladora? No tenía la más remota idea de lo que eso significaba. Para mí, ese concepto quería decir que yo iba a caer en un gran hoyo negro y que jamás saldría de él. Sonaba como algo muy extraño. (Recuerde que esto ocurrió hace al menos treinta años. No estábamos en la posición actual en donde la práctica del yoga es un pasatiempo nacional.) Por supuesto, el punto clave de la lección de Raj era: deja de pensar en todas esas cosas que se interponen en tu camino. Pero eso es algo increíblemente difícil de lograr. Hasta que uno no logre sacarse de la cabeza las falsas expectativas, y todo el parloteo negativo, no logrará cumplir sus metas.

45

TAN SOLO RESPIRE

Cuando se dé cuenta que ha perdido el contacto con el momento, concéntrese solamente en su respiración durante un momento. Cierre los ojos (si es posible), y simplemente sienta mientras inhala, luego exhale y enfóquese en la respiración mientras inhala y exhala. Se sorprenderá de lo fácil que será entonces aclarar su mente y permitirse enfocarse en la realidad del momento presente, y también le ayudará a "estar aquí y ahora."

46

Trate de salirse de la mente

Hay ocasiones en que las complicaciones de la vida hacen que nuestro parloteo interno se salga de control. Todos sabemos ahora que esas voces en nuestra mente son a veces tan persistentes que nada parece mitigarlas.

Muchas investigaciones demuestran que el ejercicio por sí mismo puede levantar el ánimo y distraernos del caos mental. Bueno, obvio, es muy difícil escuchar el parloteo interno y jugar tennis al mismo tiempo. Si realiza una actividad física, su mente se aclara. Después de todo, usted no es una mente con un cuerpo..., sino mente/cuerpo. Son testigos mutuos, son el juez y el jurado de su manera de vivir.

Juego racquetball. No puedo correr por toda la cancha, intentar una jugada, tener cuidado de que una bola no me vaya a golpear la cara, y todavía tener tiempo para pensar en las cuentas. Durante una hora, estoy viviendo en el momento. Y cuando se termina esa hora, mi mente está mucho más clara.

Hay gran variedad de sanas distracciones que pueden hacernos regresar al presente con mayor claridad y enfoque. Lo sé, lo sé, les he estado diciendo hasta ahora que *no* se distraigan. Pero tengan en cuenta que la mente es a menudo paradójica. Hay algo relacionado con nuestra habilidad de cambiar el enfoque y de distraernos *conscientemente* con asuntos positivos que hace que se mitigue el parloteo. Inténtelo, ¡funciona!

Cuando esté obsesionado con un problema de trabajo o con lo difícil que se están poniendo las cosas, comience a hacer ejercicios de calistenia. Escuche la música de su predilección. Si tiene una mascota, llévela a dar un paseo (a menos que sea una serpiente...). Si tiene la suerte de tener nietos, pase el día con ellos. Supongo que entiende la idea.

47

Tómelo con calma

Siempre me divierte lo impaciente que las personas se han vuelto. Ya nadie quiere esperar nada. Los comerciantes intentan ofrecer servicios tan rápidamente como sea posible, y aun así la gente se queja cuando se toman más de cinco minutos en servir una hamburguesa con papas fritas.

De hecho, todo este asunto comenzó con el concepto de "comida rápida." Quedamos fascinados ante la idea de obtener toda una comida en menos de veinte minutos en un restaurante. Ahora que las vidas de la mayoría de las personas se han convertido en una lista interminable de cosas por hacer, todos los comerciantes imaginables se han subido al tren de la buena suerte y han seguido la moda, y Dios los perdone si se toman más de treinta segundos en lograr algo.

48

Se puede obtener el servicio de lavado en seco de una prenda en menos de 24 horas, aunque la mugre lleve 20 años acumulándose en la tela. En veinte minutos puede obtener un examen oftalmológico. Los exámenes de colesterol se toman cinco minutos, y es posible hacerlo al tiempo que entrena a su perro para que no haga sus necesidades sobre la alfombra.

Puede hacerse la liposucción en los muslos durante la hora del almuerzo, y ponerse implantes en los senos mientras cena. Si no quedó tan bien como esperaba, puede hacerse una mini-abdominoplastia en su estación local de gasolina mientras llena el tanque de su auto, y hace las compras para la cena.

Puede hacer una psicoterapia mientras conduce hacia el trabajo. Apenas tiene que recoger a su terapeuta y llevarlo con usted. Los conductores en la carretera lo agravian mientras *usted* los agravia a ellos a la vez, por no conducir tan rápidamente como quisiera su mente acelerada.

Los televisores ahora vienen con pantallas en las pantallas para poder ver dos programas al tiempo. Pasamos nuestras vidas haciendo clic, borrando mensajes de voz y electrónicos a la velocidad de la luz. ¿A quién le importa si nos perdemos de algo? No queremos perder el tiempo; ¡somos demasiado importantes!

Tenemos que apresurarnos y deshacernos de todas esas cosas mundanas para poder seguir con las cosas importantes. ¿Cómo cuáles? La realidad es, por supuesto, que todo lo que hacemos en determinado momento es, de hecho, ¡nuestra vida! No tenemos segundas oportunidades. La puesta en escena no se repite.

Todos nos involucramos en demasía en esta mentalidad de vida apresurada. Pero la cuestión es: no todo el mundo conduce una ambulancia. A menos que lleve en su auto a una persona que esté teniendo un ataque al corazón..., desacelere cuando llegue a una caseta de peaje.

Luego respire profundo y pague por la persona que viene tras usted. Eso podría prolongar su vida.

Las luces están todas encendidas, pero no hay nadie en casa

50

Una de las mayores desventajas de la "no presencia" es que muchas personas viven como si la vida estuviera en piloto automático. En este estado, nuestras mentes están cubiertas por una neblina muy densa, surcando hacia el vacío sin siquiera saber hacia dónde nos dirigimos ni por cuál motivo.

Por ejemplo, muchos se obsesionan por su dieta, pero, sin embargo, se atascan la comida en tres minutos mientras conducen sus autos o hablan por sus celulares.

La mejor forma de asimilar lo que comemos, es hacerlo con *conciencia*. Le ofrezco un ejercicio magnífico: ¿Es posible para usted, solamente durante una cena, permanecer completamente enfocado en lo que está poniendo en su boca, sin hacer nada más? ¡Inténtelo!

Disfrute el momento, los sabores, los aromas, la textura, la manera en que la comida se siente mientras viaja hacia su estómago. Al comienzo, es más fácil hacerlo si está solo y no habla con nadie más, pero eso será posible una vez que lo practique.

Disfrute la sensualidad de cada bocado. Siéntalo de todas las formas posibles. No piense en el trabajo, ni en sus hijos, ni en su suegra. No piense en el tiempo que se está llevando hacer este ejercicio. No piense en la cantidad de calorías que está ingiriendo. Solamente saboree el momento. Mastique cada bocado a cabalidad, con voluptuosidad. Tómese el tiempo de concentrarse en lo que está haciendo.

Le garantizo que será la mejor cena que haya tenido en mucho tiempo. También le garantizo que será la más sana, sin importar lo que haya en su plato. Cuando come con conciencia, su cuerpo tiene tiempo de reaccionar a lo que está ingiriendo. Comerá con más atención, y es muy probable que coma mucho menos que cuando no lo hace con conciencia. Cuando se toma el tiempo de sentir en verdad lo que su cuerpo le está diciendo, y lo que aprecian sus sentidos, su cuerpo se regula a sí mismo con sabiduría.

Cuando come mientras realiza otras actividades, la probabilidad de sentirse satisfecho es prácticamente nula. Su mente está concentrada en otras cosas, ¿cómo es entonces posible que usted esté verdaderamente consciente de lo que está consumiendo, o del efecto que eso está teniendo en su cuerpo?

Lo mismo aplica en todas las cosas que hace... todo el día, todos los días. Cuanto más detenga el ruido y permanezca presente en lo que está haciendo, mejor lo hará.

El sexo es el ejemplo más ilustrativo. ¿Cómo puede disfrutar del sexo mientras que su mente está llena de todas las cosas que tiene que hacer? Es obvio que cuando está distraído durante el sexo, el placer mengua.

Estamos constantemente bombardeados con sobredosis de información, con docenas de cosas que necesitan nuestra atención, con una vida llena de distracciones y complicaciones. La habilidad de mantener nuestras mentes claras y enfocadas es uno de los talentos más críticos que un ser humano puede tener. Cuando se sorprenda haciendo cosas por costumbre (o inercia) en vez de sentir verdaderamente el presente y de enfocarse en el momento, deténgase y pregúntese: *¿por qué escogí no estar aquí y ahora?¿en verdad pienso que mi próximo momento será mejor aunque sólo sea una ilusión?*

52

En el Talmud encontramos la pregunta: "Si no es ahora, ¿cuándo?" Si no vivimos ahora, con toda plenitud, ¿cuándo tendremos entonces la oportunidad de hacerlo? Si no le prestamos atención a las pequeñas maravillas de la vida ahora en este segundo, ¿cuándo seremos capaces de hacerlo?

❋ ❋ ❋

3

LA LUZ AL FINAL
DEL TÚNEL

"Una vida maravillosa requiere optimismo."

La ciencia ha demostrado que las personas poseedoras de una actitud optimista tienden a vivir más tiempo y a fortalecer sus sistemas inmunológicos. En otras palabras, el optimismo parece ser un antidepresivo y un estimulante natural.

En épocas inciertas, el optimista espera lo mejor, mientras que el pesimista piensa que si algo puede salir mal, saldrá mal. Siempre les digo a los miembros de mi audiencia que puede ser que los pesimistas sean más acertados, pero viven menos...

Algunos somos más propensos hacia el optimismo, mientras que otros nos inclinamos más naturalmente hacia el pesimismo. Pero cualquiera que sea su naturaleza, la habilidad de tener una actitud optimista en la vida puede ser aprendida y mejorada.

Solo debe creer en sí mismo... ¡En realidad es cuestión de mucho más!

Primero que todo, veamos lo que el optimismo no es. El optimismo no es una creencia ciega e irreflexiva en que todo va a estar bien independientemente de las circunstancias. Muchos gurús espirituales nos quieren hacer creer que lo único que tenemos que hacer es pensar positivo y todos los problemas desaparecerán. Esta en una forma inexacta de observar la vida. Es demasiado simplista e irrespetuosa hacia las complejidades de la experiencia humana. Por ejemplo, ¿qué le dirían a una persona con una enfermedad degenerativa? "Ahora que estás enfermo, deberías sentirte culpable de tener esa enfermedad. Posiblemente no estabas teniendo los pensamientos correctos y por eso estás enfermo"

¿Deberíamos decirles a los empleados de una empresa que acaba de perder seis mil millones de dólares y que ha despedido a veinte mil empleados, que si ellos hubieran creído en sí mismos, habrían prosperado? El mensaje implícito aquí es que si a

54

estos individuos las cosas no les están saliendo bien, es debido a que no creen lo suficiente en sí mismos.

Esto no es optimismo. Es locura.

Las personas que van por la vida pensando que todo va a salir bien siempre, si tienen pensamientos positivos no son optimistas, son idiotas. Un verdadero optimista se levanta pensando: *Cualquier cosa puede ocurrir hoy, buena o mala. Y sea lo que sea, puedo lidiar con eso.*

> *"Si piensas en lo peor y obtienes lo peor, sufres dos veces, si piensas en lo mejor y obtienes lo peor, sufres una sola vez..."*
> Anónimo

55

El optimista sabe que de todo lo malo se deriva algo bueno

El optimista sabe que pueden ocurrir cosas malas, y acepta que esa es la manera en que son las cosas. No ignora los obstáculos de la vida, sino más bien, comprende que existen y no se obsesiona con ellos.

El optimista toma atajos para evitar los obstáculos y se mantiene enfocado en resultados placenteros. No rehúsa los hechos: si una mujer optimista siente un tumor extraño en su pecho, hace una cita de inmediato con un doctor. Pero una mujer pesimista puede usar ese descubrimiento como una oportunidad para dejar de ocuparse de su vida y hundirse en una obsesión narcisista sobre la forma en que su vida va a acabar, y cómo las cosas nunca han salido como debían. La optimista sigue con sus asuntos, sigue involucrada en sus actividades diarias y pensando sobre los posibles resultados tanto positivos como negativos.

A los optimistas les gusta actuar con la ilusión de que están en control de sus vidas, y *no se dan por vencidos.* Se comportan como directores de cine, filmando una y otra vez una escena hasta que quede bien, y ajustando el guión cuando así lo consideran necesario. Siguen actuando de la manera que creen que puede darles el resultado deseado. Por supuesto, son precavidos, porque *comprenden* que en realidad no tienen el control, que nadie lo tiene. Pero a los optimistas, la habilidad de actuar con la ilusión de que pueden delinear su futuro, les ayuda a encontrar sentido en la realidad y a incentivar la esperanza.

56

De hecho, las investigaciones sugieren que la realidad está sobreestimada. Según la psiquiatra Susan C. Vaughan, autora de *Half Empty, Half Full (Mitad vacío, mitad lleno):* "Las personas que están más en contacto con la realidad están probablemente deprimidas."

Cuando era niña, mi vida estaba plagada de discusiones, se podía cortar la tensión con un cuchillo. Como resultado, a menudo me siento llena de temor y terriblemente ansiosa, y mi salvación es mi habilidad de fantasear. Tenía y sigo teniendo una imaginación activa. Se lo debo en gran parte a mi infancia y al hecho de que yo era una ávida cinéfila. Ver películas a menudo se convirtió en el vehículo de distracción de mi mente ante el dolor y el sufrimiento que sentía. Incluso me inventé en mi mente un camarógrafo llamado Sam. Durante las noches, me ayudaba a dormir diciendo: "Sam, comienza a filmar."

Logré superar mis momentos más oscuros imaginándome como Scarlett O'Hara. Y así, fui capaz de moverme de la realidad (en donde me sentía como víctima) a la ilusión (de que era una vencedora).

"La mente es su propio hogar, y por sí misma
puede hacer del infierno un cielo, o del cielo un infierno."
John Milton

CÓMO CREAR UNA VIDA PESIMISTA
(O diez formas de sufrir y vivir en el lado oscuro)

1. Cortar lazos con la familia y los amigos, para que nadie pueda ofrecernos su apoyo, ni comprendernos y amarnos.

2. Carecer de una conexión con un propósito elevado.

3. Vivir en el pasado (o en el futuro).

58

4. Volvernos extremadamente críticos y propensos al juicio.

5. Querer que las cosas siempre salgan a nuestra manera.

6. Tener pocos placeres, diversiones, alegrías y humor en nuestras vidas.

7. Apegarnos a patrones y a pensamientos negativos.

8. No buscar jamás guía interior.

9. Tener reglas, estándares y creencias rígidos.

10. Sentirnos excesivamente ocupados. Tener demasiadas cosas que hacer y en consecuencia, definirnos por lo que hacemos, no por lo que somos.

"El pesimista ve una dificultad en cada oportunidad. El optimista ve una oportunidad en cada dificultad."
Winston Churchill

59

El uso del estilo explicativo

Una excelente técnica para convertir el pensamiento negativo en positivo es sencillamente observar detenida y profundamente la forma en que hablamos de la vida. Los investigadores han comprobado que nuestros patrones cerebrales se definen en parte por nuestra manera de pensar, nuestro cerebro se afecta profundamente por nuestros diálogos internos; de hecho, el lenguaje que usamos nos ayuda a crear la habilidad de pensar de manera positiva o negativa. Los optimistas asumen sus éxitos como propios y ven los malos hábitos como eventos fortuitos. Los pesimistas, al contrario, se culpan por cualquier cosa que les ocurre y a menudo subestiman sus éxitos.

¿Alguna vez ha estado con alguien que es incapaz de agradecerle cuando le hace un cumplido, y prefiere decirle todos sus defectos? El doctor Martin Seligman ha denominado el diálogo del pesimismo y el optimismo como *estilo explicativo*. Él señala el hecho de que los pesimistas usan las tres "P" para explicarse a ellos mismos: *personalización* ("¡Eso siempre me pasa a mí!"), *presencia* ("¡Me pasa todos los días de todas las formas!"), y *permanencia* ("¡Nunca se acaba!").

60

Esto garantiza prácticamente una vida llena de sentimientos de desesperanza y sufrimiento. También contribuye a un sentimiento de indignidad interior y de ausencia de autocontrol. Cuanto más pensamos que somos de cierta manera, más nos convertimos en eso. Si vamos por la vida creyendo que somos un fracaso, en poco tiempo, sin importar lo que hagamos, siempre fracasaremos. Si vamos por la vida pensando que trabajamos tanto que debemos sentirnos cansados, va a ser terriblemente difícil sentirnos llenos de energía.

Podemos cambiar lo que sentimos modificando nuestra manera de pensar. Todos debemos aprender "a pensar en lo que estamos pensando."

El instituto de entrenamiento para optimistas

Cuando ayudo a las personas a descubrir la manera de ser más optimistas, encuentro útil una técnica que consiste en mirar su pasado y ver cómo llegaron a superar la adversidad. Todos pasamos por momentos difíciles en nuestras vidas, y en gran parte sobrevivimos y salimos adelante. Son los tropiezos del camino los que nos brindan ese sentimiento de que "podemos lograrlo".

Siendo una mujer joven, decidí divorciarme. Hasta ese momento de mi vida, no había tenido que trabajar para mantenerme. Recibía gastos de manutención para mis hijos, pero aún así debía ganar mucho dinero para compensar lo que había perdido. Enseñé yoga y gimnasia, pinté casas, puse papel de colgadura, y cociné en un club de tennis. Por fortuna, la combinación del espíritu y el buen humor que aportaba a mis clases hizo que me hiciera muy popular. Pero cuando quise añadir elementos del trabajo mente/cuerpo a mis clases, mis jefes me lo impidieron. Y cuando salí con la idea "revolucionaria" de incluir música en mis clases, me despidieron. Entonces me fui, renté un estudio, y comencé a enseñar por mi cuenta. Antes de que pasara mucho tiempo, ya tenía mi propio negocio y mis seguidores.

Ahora cuando miro hacia atrás, me siento enormemente orgullosa de esa joven mujer que usó sus recursos para tomar riesgos, experimentar y arriesgarse a seguir sus propias ideas, en vez de conformarse en la seguridad de un salario semanal. Deténgase un minuto y piense en lo siguiente: ¿Hubo momentos en su vida en que tuvo que enfrentar la mala fortuna y encontró la forma de cambiar las cosas? ¿En cuáles recursos internos se inspiró para salir adelante durante esos periodos difíciles?

Los optimistas son capaces de crear el presente y el futuro admitiendo y reconociendo los valores que usaron para salir adelante en el pasado. Parafraseando a Ernest Hemingway: nos fortalecemos durante los descalabros.

62

¿ALGUNOS DE LOS VALORES SIGUIENTES LO HAN AYUDADO A SUPERAR MOMENTOS DE ADVERSIDAD?

Tenacidad	Humor
Coraje	Confianza
Perseverancia	Compasión
Integridad	Resistencia
Aceptación	Flexibilidad
Honestidad	Empatía

Los optimistas también resuenan con todo aquello que les brinda alegría, diversión y humor. ¿Qué recuerdos tiene que le hayan aportado mucho placer?

Cuando piense en algunos, escríbalos. Puede sonar cursi, pero repito: las investigaciones han demostrado que el solo hecho de recordar tales momentos puede en verdad mejorar nuestra habilidad de apartar las enfermedades, en particular los resfriados y las enfermedades respiratorias.

Haga listas y manténgalas en lugares en donde pueda verlas fácilmente, tales como su escritorio de trabajo, al lado de su teléfono o pegadas en el espejo de su baño. Revíselas con frecuencia.

Para muchas personas, observar una lista de logros o de eventos felices, activa sentimientos de disgusto. Si esto le ocurre a usted, deje que ese sentimiento se aleje naturalmente. Admitir los momentos de grandeza en su vida no deja espacio para nada más. Lo fortalece y le recuerda lo recursivo que es. Cuando comprende sus propias capacidades, es más fácil ser optimista sobre la vida en general.

REFUERCE EL PODER DE SUS PALABRAS Y REFUERCE SU ESTADO DE ÁNIMO

En el mundo de hoy, estamos perdiendo terreno en el departamento del vocabulario. Aunque los mensajes electrónicos son rápidos y eficientes, han ocasionado un deterioro en las habilidades del lenguaje. Esto es particularmente inquietante, porque nuestros cerebros se afectan en gran parte por nuestros diálogos internos y también por nuestro lenguaje. Cambiar los patrones verbales cambia los patrones en nuestros cerebros. Ese es el fascinante poder del lenguaje.

Intuitivamente, tiene sentido, ¿no es así? Si alguien le pregunta cómo se siente hoy, y su respuesta es siempre como un autómata: "Bien," ¿cómo cree que eso contribuye a la manera en que se siente? Lo mantiene en la misma y aburrida tonada. Desecha el entusiasmo, la energía y la vitalidad. Mantiene la calefacción a la temperatura de la habitación. Ayuda a crear el patrón cerebral asegurándose realmente de que usted se sienta "bien", como un autómata.

Pero, si en cambio, usted llega a ser verdaderamente específico y descriptivo sobre la manera en que se siente, honra las emociones internas y le ayuda a su cerebro a definirlas y a respetarlas. Le da forma al amplio rango de sus sentimientos, y cuanto más comprenda sus sentimientos y repita su lenguaje, más deja espacio para poder sentirlos. Esto lo deja lleno de entusiasmo y energía para llevar una vida a plenitud, para realmente *sentir* sus sentimientos.

Piense en las palabras que usted usa. ¿Actúa como si estuviera en un hermoso campo de flores silvestres, o como si estuviera atrapado en un foso sin fondo?

Estas son las palabras de un campo de flores silvestres: *alegre, encantado, animado, provocativo, esperanzado, creativo, perspicaz, divertido, juguetón, relajado, fascinado, brillante, cariñoso, entretenido, valeroso, audaz, respetuoso.*

Estas son las palabras de un foso sin fondo: *espantoso, terrible, horrible, siempre, nunca, desesperanzado, imposible.*

65

"Lo que no me destruye, me fortalece."
Friedrich Nietzsche

Hace poco tuve una fascinante conversación con un taxista que me recogió en un aeropuerto. Michael tenía solo unos veintitantos años, y sin embargo, ya había perdido a sus padres hacía un año aproximadamente. Su madre, quien había sido maniacodepresiva, se suicidó a los 54 años. Su padre, veterano de la guerra de Vietnam, y después de una vida de alcoholismo, había muerto a los 51. Michael apenas había visto a su padre cuando niño; en ocasiones su padre lo visitaba, haciendo promesas que no cumplía..., y luego dejó de visitarlo por años. Una vez, cuando Michael tenía seis años, su padre le prometió que regresaría para llevarlo ese otoño al juego de los Patriotas de New England. Por supuesto, nunca lo hizo.

66

Ahora Michael trabaja en el departamento de contabilidad de un hospital local y a veces conduce un taxi para ganar dinero adicional. Está casado y lleva una vida llena de ilusiones. Me dijo que siempre cumplía sus promesas, y que su jefe siempre le confiaba más y más responsabilidades porque sabía que pasara lo que pasara, Michael cumplía sus promesas.

Michael decía que jamás había defraudado a nadie de la forma en que su padre lo había hecho con él. Es una traición que jamás olvidó, y una lección que él aprendió acerca de llevar la vida con las demás personas del planeta.

Algunas personas que enfrentan las mismas circunstancias podrían haber llevado sus vidas actuando con base en este impulso: *No se puede confiar en nadie, todo el mundo me defrauda, ¿por qué debo entonces cumplir mis promesas?* Pero Michael no lo hizo. Él tiene una actitud positiva, y tomó la decisión consciente de aprender y crecer de sus infortunios.

VAYA AL CINE

Somos una especie que ama la narración de cuentos. Los seres humanos aprenden acerca de la experiencia humana, y acerca de las infinitas posibilidades a través de las historias. Y, ¿qué forma más emocionante de escuchar una historia que el cine? Ver películas que activan una visión optimista de la vida puede ayudarnos a desarrollar ilusiones positivas, y sirven como buen ejemplo para cambiar nuestra propia conducta. Algunas de mis películas favoritas incluyen: *Qué bello es vivir, Forrest Gump, Una mente brillante, Algo para recordar, Yo amo a Shirley Valentine, Un niño grande, Cadena de favores, La vida es bella, Mi gran boda griega.*

67

Chubby Checker tenía la respuesta...
¡ "Solo tienes que hacer el Twist"!

Una parte esencial del optimismo, la cual puede ser aprendida, es la habilidad de ver cuando se desliza hacia el pensamiento negativo, y cambiarlo en ese momento, es decir, hacer un giro total. *(N. de la T.: juego de palabras,* **twist** *significa también hacer un giro)* Claro que del dicho al hecho hay mucho trecho.

Es probable que usted ande deambulando y escuchando esas voces irritantes en su cabeza, a las

68

cuales me gusta referirme como "el comité": las voces recriminadoras del pasado están siempre señalando las cosas que usted hace mal. *¡Hay platos en el fregadero! ¿Qué haces ahí sentado sin hacer nada, pedazo de perezosa? ¿Tenías que haberte comido esa galleta? No tienes autocontrol. Te vas a poner tan gorda como una vaca; de hecho ¡ya lo estás! ¿Por qué no mejor usas tu trasero como valla de publicidad?* El comité puede hacer mucho para arruinar su día.

Entonces, además de todas esas cosas que están en su propia mente todo el día, están los mensajes diarios de los medios de comunicación y el comercio. Los medios masivos son un martilleo constante que frustran la habilidad normal de una persona de sentir optimismo hacia la vida. Es como si nuestra sociedad se aprovechara de las inseguridades, dudas y temores de las personas. Uno es asaltado constantemente con trucos publicitarios que lo hacen sentir mal acerca de uno mismo: productos que lo harán verse más delgado, más joven y más en forma, que lo ayudarán a ganar dinero o a encontrar una mejor pareja.

En este sentido, el supuesto de todo esto es que usted, tal como es hoy, no tiene esperanzas. A menos que sea tan rica como Oprah Winfrey, tan hermosa como Halle Berry, o esté en tan buena forma como Serena Williams no está viviendo su "pleno potencial." ¿Cómo se puede esperar que se sienta optimista sobre la vida ante todo esto? A menudo parece como si la vida fuera una lucha por conseguir cosas o verse mejor de formas que parecen estar totalmente fuera de su alcance. Y entonces, como si fuera una señal que confirme lo anterior, aparece la voz del comité diciéndole que todo es su culpa.

69

Pues bien, respire profundo. Es hora de darle un giro (*twist*) a las cosas. Trate de encontrar lo absurdo de sus emociones y ríase a carcajadas de usted mismo. Cuando se sorprenda sintiendo cosas como: *Caramba, nunca voy a lucir como Madonna no importa cuántas veces vaya al gimnasio*, deténgase y piense: *¿Y a quién le importa? Puede ser que ella tenga brazos magníficos y haya grabado miles de discos compactos, pero nadie en el mundo tiene los dedos de los pies como los míos... Si la gente supiera lo maravillosos que son los dedos de mis pies,* *vendrían de todas partes del mundo a contemplarlos. Es más, si los medios de comunicación se enteraran de esto, ¡yo no podría salir de mi casa en días!*

Cuando comenzamos a tener acceso a lo ridículo, siempre nos permite dejar de invertir nuestro tiempo en pensamientos negativos. Si el tráfico se siente siempre como una pesadilla, dele un giro a la situación. Piense en la posibilidad de quedarse estancado en el tráfico durante días, y en cómo eso le brindaría el tiempo de meditar, de llamar a personas con quienes no se ha conectado en años, y tratar posiciones de yoga interesantes que podría realizar en su auto. Y mientras está ahí esperando, piense: *Bueno, pues no estoy conduciendo un todo-terreno Mercedes Benz de ochenta mil dólares, con el cual, de acuerdo a la publicidad, puedo escalar la cima de una montaña y remontarme entre las nubes... pero qué importa. Mi Ford Taurus también me lleva a todas partes y, de hecho, hay demasiados vehículos todo-terreno y camiones, ¡y terminaré siendo totalmente original!*

70

ENFRENTE AL COMITÉ

Cuando escuche la voz del comité en su mente, con el famoso refrán de *¿Quién te crees que eres? ¡Andas actuando como si te merecieses ese ascenso! ¡No eres lo suficientemente inteligente! ¡Admítelo!*, escúchela, deténgase en medio de la frase y reconózcala como lo que es. Diga: "Esa voz que habla no soy yo. No sé quién será, ¡pero no me gusta! ¡Y *sí* me lo merezco!

Los optimistas creen en el trabajo arduo

Los optimistas comprenden que las mejores cosas del mundo se originan del trabajo arduo, y no se sienten mal haciéndolo. La tenacidad es la característica de estas personas, ellas comprenden que la diligencia origina resultados, y honran el proceso.

En estos tiempos, muchas personas esperan resultados instantáneos. Uno de los mejores ejemplos de esto es la trampa de las dietas insensatas en las que muchos caemos. La tasa de obesidad de los Estados Unidos es del 63%, y es obvio que los miles de libros sobre dietas que hay en el mercado están fallando en algo. Muchos de ellos proclaman que han ingeniado una combinación mágica de alimentos, los cuales si se consumen en el momento justo del día o de la noche, aceleran la pérdida de peso. Supongo que algunas personas sienten que se han embarcado en algún tipo de sendero espiritual puesto que se niegan las cosas que aman..., tales como la verdadera alimentación.

Los artilugios de gimnasia también ofrecen resultados rápidos. "¡Colóquese la banda y la grasa desaparecerá de inmediato!" Sí, claro, lo único que le ocurrirá es que terminará con la piel maltratada.

Todos sabemos que las cosas no funcionan así. El único método de perder peso con éxito es comer con moderación y moverse vigorosamente, no hay atajos para lograrlo. Después de todo, usted ya sabe cómo se *siente* cuando se excede...

72

La verdad de la vida, y la cosa más difícil de comprender para la mayoría de la gente, es que no hay respuestas fáciles. La vida es trabajo arduo, y es un proceso ilimitado que tenemos que enfrentar cada uno de nuestros días. Y la única forma de obtener más de la vida es trabajar con tenacidad, mantenernos enfocados, y jamás darnos por vencidos. En su revolucionario libro *Inteligencia emocional*, Daniel Goleman concluye que nuestra capacidad de progreso hacia la consecución de nuestras metas depende de la habilidad de tolerar la frustración, controlar los impulsos y evitar la búsqueda de resultados inmediatos. Las personas que necesitan tener todo lo que desean *ahora mismo* (como un niño de dos años) están destinadas a una vida de desilusiones y fracasos.

Los optimistas comprenden que cada paso hacia la dirección correcta, los acerca un paso más hacia donde desean estar. Ellos optan por la acción en vez de la inercia. Comprenden que el trabajo arduo brinda recompensas y que no hay atajos. Tienen la habilidad de mantener la fe, de seguir intentando, de mantenerse firmes hasta el final. Y esta es la razón por la cual tienden a obtener más de la vida.

COMPARAR EL SUFRIMIENTO

Una de las maneras de mejorar nuestro optimismo es compararnos con aquellos que son menos afortunados. Nuestras madres sabían esto de alguna manera instintiva sin tener que recurrir a las investigaciones modernas. ¿Recuerda a su mamá decir algo así como: "No seas tan egoísta. Hay personas en el mundo que tienen problemas reales"? Parece que nuestro ánimo mejora cuando nos sentimos mejores que los demás. El beneficio adicional es que cualquier tipo de culpa que pueda surgir ante esos sentimientos de superioridad a menudo nos incita a ser más altruistas.

Es desde el interior, no desde el exterior

"Reflexione en sus bendiciones presentes, de las cuales todos los seres tenemos tantas; y no en sus pasados infortunios, de los cuales todos los seres tenemos pocos."

Charles Dickens

74

Los optimistas comprenden que la forma de mejorar sus vidas es comenzar desde el interior. Pueden seguir deseando esas cosas que sirven para mejorar sus vidas, sentirse más cómodos, o solamente brindarles emociones. Sin embargo, saben que cuidar con cariño y atención su paisaje interior, a final de cuentas, será lo que les permitirá regocijarse y celebrar la vida diaria.

4

Es lo que es

"Una vida maravillosa requiere aceptación."

Cuando era joven, malgasté gran parte de mi tiempo y de mi energía en lo que yo creía que era un noble propósito: tratar de lucir más alta.

Así es, conocía todos los trucos. Pasaba horas en el salón de belleza arreglándome el cabello para que mi peinado me hiciera ver más alta, pero para mi mala fortuna, terminaba pareciéndome a una abeja preñada. Usaba zapatos con tacones tan altos que tambaleaba peligrosamente cada vez que los usaba. Descubrí ciertas marcas de diseñadores famosos especialmente fabricadas con líneas delgadas para hacer que hasta las bolas de bolos lucieran delgadas y larguiruchas. Luego compraba pantalones extragrandes dizque para ver mis piernas más largas pero lo único que lograba era pasármela tropezando.

Vivía con dolores en los pies; gasté una pequeña fortuna en ropa y peluquerías; pasé horas interminables de compras, acicalándome y demostrando mi inconformidad, y por supuesto, gasté gran parte de mi energía psíquica y de mi atención en la búsqueda de esta ilusión.

¿Y lo adivinan? Sigo siendo de baja estatura.

Cuando finalmente dejé de tratar de convencer a los demás de que yo era un vaso grande en vez de una pequeña copa, mi vida mejoró de forma considerable. Ya no tenía que caminar sufriendo de dolores, podía usar la ropa que quería y me peinaba de formas más atractivas. De una vez por todas, dejé de ir por la vida pretendiendo ser lo que no era.

Aceptar lo que no es posible, no solo es una liberación maravillosa, sino que, además, crea gran paz y armonía. Es maravilloso, lástima que esta sociedad parece desbordar de personas obsesionadas con el control. De hecho, tengo que admitir que esto ha sido una de las cosas más difíciles con las que he tenido que lidiar en esta vida. Parafraseando la Oración de San Francisco: debo aprender a aceptar las cosas que no puedo cambiar, tener el coraje para cambiar las que sí puedo, y tener la sabiduría para reconocer la diferencia. Por lo tanto, saber todo esto facilita las cosas. Tengo amplios conocimientos respecto a la aceptación; después de todo, he pasado años estudiando métodos para reducir el estrés, y la aceptación es el núcleo básico para lidiar con las cosas que nos provocan estrés. Sin embargo, no pasa un solo día en mi vida sin que surja el deseo de cambiar algo o alguien.

Le señalo a mi esposo que debería dejar de comer el mismo cereal todos los días e intentar algo nuevo, o que debería integrarse a alguna organización para que pueda compartir con otras personas. Lo más interesante es que soy *yo* quien se enoja y se desgasta al advertir esas cosas recriminándolo, mientras él está perfectamente bien como está.

Antes de que usted comience a sentir pena por mi esposo, debe comprender que hago lo mismo respecto a mí. Me miro al espejo y me convierto en mi cirujano plástico. Levanto y retuerzo partes de mi cuerpo, y luego me miro desde todos los ángulos para ver la diferencia que eso causaría en mi apariencia. Es ridículo, porque no sería capaz de caminar por ahí sosteniendo las partes de mi cuerpo de esa manera. Tengo esa edad en que las cosas ya no están como solían estarlo. Claro que podría optar por una cirugía, pero hasta que me decida, ¡debo dejar de hacerlo!

"Viviendo apartado y en paz conmigo mismo, he llegado a comprender de manera más vívida el significado de la doctrina de la aceptación. Abstenerme de dar consejos, abstenerme de meterme en los asuntos ajenos, simplemente abstenerme, aunque mis intenciones sean las mejores, de interferir en la vida de los demás. Parece sencillo pero es extremadamente difícil para un espíritu activo. ¡No interferir!"

Henry Miller

78

En vez de engañarnos debemos mejorarnos

Estoy totalmente de acuerdo conque las personas hagan todo lo posible para mejorar sus vidas, pero me preocupa que para muchas personas, mejorarse a sí mismas (cuando se convierte en obsesión) puede llevar a una vida caracterizada por el sufrimiento, la desilusión y la depresión.

Me encantaría que todos los seres humanos de todas partes llevaran una vida llena de alegría, energía, celebración y diversión. Quiero que todos riamos, gocemos, juguemos, hagamos el amor y todos esas cosas maravillosas que conforman la magia y la gloria de vivir. Cada uno de nosotros puede llevar una vida que sea como una alegre cabriola en el parque del espíritu, si nos tomamos el tiempo de enfocarnos en las cosas importantes de la vida.

Sin embargo, muchas personas han asumido "la mejoría personal" como otro trabajo lleno de exigencias y estrés. Pasamos muchos meses leyendo libros, asistiendo a seminarios, tomando clases y haciendo terapia con el fin de convertirnos en mejores personas. Para muchas personas, se convierte en un logro valioso y maravilloso, pero para otras, es destructivo y deprimente. Algunas personas de nuestra sociedad que dicta: "¡puedes lograr lo que quieras!" sencillamente no pueden aceptar el hecho de que hay ciertas cosas que es mejor ni siquiera intentar.

79

Puede ser que usted simplemente no tenga el cuerpo del tipo de un lanzador de jabalina, y que jamás lo tendrá. Y ahí se acaba la cuestión. Pero nuestra sociedad dice: "¡No te limites! Si quieres ser un lanzador de jabalina, solo tienes que seguir luchando hasta lograrlo. Toma más seminarios sobre lanzamientos de jabalina, repite afirmaciones diarias, y antes de que te des cuenta, ¡estarás camino a la medalla de oro en las Olimpíadas!"

Y yo digo: "¿No es preferible que acepte el hecho de que es probable que no tenga el físico para lanzar la jabalina, y que más bien opte por aquellas cosas que son sus verdaderos fuertes? Quizá sea bueno para correr maratones, o quizás no tenga talento para los deportes y debería más bien pasar su tiempo estudiando música, escultura o psicología."

Son ridículas las expectativas poco realistas, del tipo que nos convence de que lo único que tenemos que hacer para lograr cualquier cosa que deseemos, es creer en nosotros y jamás rendirnos. No importa qué tanto crea en mí misma, y no importa qué tanto esfuerzo ponga en intentar cambiar las cosas, el hecho es que soy de baja estatura y siempre lo seré.

En esta misma perspectiva, también hacemos lo imposible por tener relaciones con personas que no se ajustan a nuestros intereses. ¿Cuántas de nosotras nos hemos enamorado de tipos con las mismas características de Freddy Krueger en la película *Pesadilla en la calle del infierno?* Sin embargo, en vez de aceptar el hecho de que no es el tipo apropiado para nosotras, nos leemos todos los consejos del mundo para intentar convertirlo en el Señor Super Simpático. Por desdicha, nos estamos engañando a nosotras mismas, y ni siquiera logramos divertirnos puesto que estamos sufriendo demasiado.

¿Por qué tendemos a ver todo lo que no podemos tener o hacer como una especie de insulto a nuestro ego, en vez de aceptar y disfrutar de las cosas que *sí* tenemos y que sí *podemos* tener? ¿Por qué no podemos ver nuestras propias cualidades como dones que no precisan ser alterados?

OBSERVE LA LISTA SIGUIENTE Y MARQUE ALGUNOS DE LOS DONES QUE YA POSEE EN SU VIDA

Amoroso ___	Perceptivo ___
Amable ___	Interpretativo ___
Compasivo ___	Intuitivo ___
Divertido ___	Estructurado ___
Ágil ___	Organizado ___
Fuerte ___	Histriónico ___
Adaptable ___	Estable ___
Flexible ___	Innovador ___
Vigoroso ___	Preciso ___
Gracioso ___	Generoso ___
Persistente ___	Considerado ___
Musical ___	Sutil ___
Artístico ___	Detallista ___
Matemático ___	Tolerante ___
Comprensivo ___	

Son lo que son

De vez en cuando, todos nos enfrentamos con situaciones que hacen que nuestras vidas sean más complejas. Esto podría involucrar miembros de la familia, amigos o colegas. No sé si a ustedes les haya ocurrido, pero en lo que a mí respecta, me pasa con mucha frecuencia: me doy cuenta que estoy gastando mi energía tratando de cambiar o manipular eventos y personas para que se vean como la película que llevo en mi mente.

A menudo es más productivo desear haber sido más alta.

Las personas son lo que son. Las situaciones son lo que son. No estoy diciendo que no deberíamos tratar de mejorar nuestras vidas, o que no tenemos el poder de cambiar ciertas situaciones. Pero nos podemos ahorrar mucho tiempo y desilusiones siendo realistas sobre la situación y el resultado esperado.

En este punto de mi vida, mi reto mayor es aceptar el hecho de que mi madre se ha mudado a vivir conmigo a sus noventa años..., así como la persona que la cuida, Beatrice. Mi hogar, que era mi santuario, está ahora completamente revuelto. Mi madre me hace preguntas a diario sobre sus medicinas y citas médicas; también vive en constante ansiedad respecto a si tendrá dinero suficiente para mantenerse. Siente un temor mortal de que vaya a terminar en la calle con todas sus cosas. Esto me hace sentir como una combinación de médica de cabecera y consejera financiera.

También me vuelve loca.

Mi madre y yo hemos tenido siempre una relación muy difícil, a menudo describo a mi madre como Joan

Crawford con una chispa de Leo Buscaglia. Ha sido la relación de amor y odio por excelencia.

Mamá sufre de una forma leve de la enfermedad de Parkinson. También sufre mucho a causa de los dolores provocados por la artritis. Como resultado de esto, está encorvada, y caminar de un cuarto a otro significa mucho esfuerzo. A menudo le ofrezco consejos sobre cosas que podría hacer para sentirse mejor, pero ella no me hace caso.

Digo cosas como: "¿Por qué no haces un poco de ejercicio? ¡Sal a pasear con Beatrice!"

"Está bien, está bien", responde. Pero nunca lo hace.

Mi necesidad de arreglar y cambiar las cosas ha regresado a su punto de origen. Cuando era niña, me veía como uno de los personajes de *Mujercitas*, la cual era una de mis películas favoritas. El personaje de la madre en la película siempre llamaba a sus hijos con ternura con la palabra "cariño." Mi madre salía y me llamaba a gritos mientras hacía sonar una campana.

Esta película no va a cambiar la forma en que yo la he visualizado, ni tampoco serán los últimos días de mi madre similares a la película *Los martes con mi viejo profesor.*

*"Toda adversidad es en verdad una oportunidad
de crecer para nuestras almas."*

John Gray

Soy una lectora ávida de la filosofía budista, y si existe un concepto por el cual ellos abogan una y otra vez, es el arte de la aceptación. Y por eso me pregunto: *¿No será mejor que acepte esta situación con mi madre, a pesar de que daría lo que fuera por no tener que pasar por esto en mi vida?* En mis momentos de lucidez, reconozco la validez del famoso dicho budista: "Cuando el estudiante está listo, aparece el maestro." Y así es. Me he convertido en testigo de mi propia mortalidad. Se me ha dado la oportunidad de aprender a sentir compasión hacia los mayores, porque no solamente yo también voy en ese camino, sino que además, mi madre me ha demostrado su resistencia y su sentido del humor a través de sus tribulaciones y pruebas, algo de lo cual me siento orgullosa de haber heredado y compartido con los demás.

Toda esta sabiduría se vuelve disponible cuando sencillamente aceptamos lo que es.

Otro ejemplo de aceptación es el siguiente: en mis seminarios a menudo encuentro una u otra mujer que dice: "Pero Loretta, estoy casada con un idiota."

84

Suena chistoso, pero cuando es uno el que está en esas, ya no es tan chistoso. Estas mujeres dicen: "Deja todo regado", o "No cumple sus promesas," y cosas por el estilo. El punto es: quizá estos esposos sencillamente no tienen los recursos que sus esposas desearían que ellos tuvieran. Estas mujeres pueden seguir y seguir tratando, como un perrito Chihuahua aferrado a un hueso, pero quizá no quede nada de carne en ese hueso en particular, tal como están ahora las cosas. Quizá estos sapos en particular, no son capaces de convertirse en los príncipes del cuento de hadas que sus esposas tanto deseaban para ellas.

85

¿Qué pueden hacer estas esposas? Por lo general, les sugiero que se enfoquen en las cosas en sus vidas sobre las cuales *sí* tienen poder, la forma en que ocupan su tiempo libre, la forma como se sienten acerca de ellas mismas, sus intereses y sus pasiones, y las otras relaciones importantes en sus vidas. Estas mujeres deben trabajar en ellas mismas hasta que lleguen a un punto en el que ya sea que acepten a sus esposos por lo que son, o se sientan bien con la idea de dejarlos y seguir adelante con sus vidas.

¿Existen situaciones en su vida en las cuales gasta su energía negando la verdad de las cosas? Al fin y al cabo, ¿adónde puede conducirlo esa situación? Si está en un empleo que considera una situación sin salida, ¿sabe qué? Es lo que es. ¿Por qué pasar años negando la situación, hablando sin cesar con sus colegas de lo incompetente que es su jefe, de las condiciones tan horribles, o de la esperanza de que, eventualmente, llegará un gerente general que resolverá todos sus problemas?

Repito, no le estoy diciendo que debería andar regodeándose en su miseria. Pero, ¿no existen formas mejores de enfrentar la verdad? Odio tener que decírselo pero usted tiene un empleo terrible, y no va a cambiar a menos que haga algo al respecto. Puede ser que sea necesario tener una conversación larga y tendida con su jefe acerca de cómo ve usted las cosas. O, puede sencillamente tener que buscar un nuevo empleo.

86

Pero no gaste un minuto más de su precioso tiempo esperando que la intervención divina cambie una situación hacia algo que no es. Usted tiene que honrar su fortaleza interna, enfrentar la difícil verdad y hacer lo que tenga que hacer para mejorar la situación.

Anti-anti-envejecimiento

Uno de los grandes ejemplos de una forma de negación de la sociedad, nos llega en la forma de la obsesión cultural con la juventud. Envejecer se ha convertido en una enfermedad. En mi más reciente peregrinación a la librería local, me sentí atraída hacia una sección con un gran anuncio: ÚLTIMOS LIBROS SOBRE ANTI-ENVEJECIMIENTO. Lo primero que pensé fue: *¿Qué es esto? ¿Una sección sobre cómo morir? Porque si no envejezco, ¡me muero!* Pero no, esa forma de pensar tiene demasiado sentido común.

El último caso de fetichismo de la sociedad estadounidense es el comercio de libros y productos que prometen detener o disminuir los estragos de la vejez. Existen píldoras, pociones y procedimientos para suavizar, reafirmar y levantar las viejas partes del cuerpo que están comenzando a descender como un viejo reloj desvencijado. Irónicamente, la mayoría de las investigaciones parecen haber sido realizadas en ratones, animales que no viven mucho tiempo. Personalmente, nunca he visto a un ratón con arrugas, o para el caso, un ratón que se haya hecho estiramiento de la cara.

87

Como con todos los productos nuevos, el dilema es: ¿cuánto tomar de qué y cuándo? ¿Se puede confiar en la seguridad y en la efectividad de *todo* eso? ¿Debo tomar melatonina para dormir mejor, a pesar de que podría ocasionarme pesadillas? ¿Debo tomar hormonas para incrementar mi libido, aunque podría causar que desarrolle vello facial? (Siendo realista, ¿cómo creo que voy a incrementar mi vida sexual una vez que mi marido se dé cuenta que tengo bigote?) ¿Cuántas vitaminas debo tomar y en qué orden? y ¿sabrá mi cuerpo qué hacer con ellas?

Cuando me preocupo por mi vejez, hablo con mi madre. Siempre puedo contar con ella para recibir información que me hará sentir mejor: "¿Y tú crees que *eso* es malo? ¡No has visto nada todavía! ¡Espera a que cumplas los noventa!"

Y, por supuesto, eso me hace sentir mucho mejor. Y luego veo a una actriz de televisión sesentona quien proclama que jamás se ha hecho cirugía en la cara, que no, que su rostro perfecto es totalmente natural. Sí, claro. ¿Qué tan natural es que sus cejas se junten con la raíz de sus cabellos?

88

Envejecer tiene sus desventajas..., pero *no* envejecer es peor. Gastar tiempo y dinero en verse mejor es una opción personal. Pero también es imperativo que comencemos a reconocer y a aceptar que con la edad, podemos convertirnos en ancianos espirituales para nuestros nietos en el proceso. Demostrarles a las generaciones venideras que estamos en guerra constante con el envejecimiento, envía un mensaje inapropiado. Muchas jovencitas hoy en día están tan preocupadas por verse viejas que están comenzando a hacerse cirugías plásticas que solían realizarse en personas de cincuenta años. Créanme, me siento feliz de vivir en una época en que ciertas partes de nuestro cuerpo pueden ser reconstruidas si ese es nuestro deseo de corazón. De hecho, me encantaría recomenzar de cero. Sin embargo, una de las formas más hermosas de envejecer es quitarnos de nuestros rostros el enojo y la desilusión. Si reemplazamos eso con la serenidad de la aceptación, envejeceremos con dignidad y gracia.

"Obviamente no existe una fórmula para el éxito, excepto tal vez, la aceptación incondicional de la vida y de lo que ella nos trae."
Arthur Rubinstein

89

¿Cómo fue que llegamos aquí?

Virtualmente todos los seres humanos deseamos más de la vida, ser más felices, más prósperos, más hermosos, más inteligentes, más creativos. Nunca estamos satisfechos con nosotros, y eso es probablemente algo bueno. Es lo que nos mantiene en el afán de mejorarnos.

Pero sea quien sea que usted es, y sea lo que sea que tenga o no tenga, es probable que haya logrado cierta medida de conciencia y de felicidad al haber llegado a aceptar lo que es. Por ejemplo, hace poco conocí a una mujer que se crió en las circunstancias más desesperadas. Su padre fue declarado asesino, y su madre, en parte debido a la desperación por la situación de su esposo, se había suicidado. Esta joven había sido la mayor de varios hijos, y había tenido que renunciar a su infancia para criar a sus hermanos.

Durante años, la vida y las circunstancias de la vida de esta mujer habían sido una gran carga para su mente. Finalmente, después de pasar por la ardua labor de aceptar que *es lo que es,* no solamente había logrado tener una maravillosa relación con sus propios hijos, sino que además, ¡escribió un libro sobre su infancia!

Tómese el tiempo de reconocer y reflexionar sobre cómo y qué ha sido capaz de aceptar a lo largo de su vida. Tal vez, en lugar de hacer su millonésima fiesta de quejas y dolores, debería hacer ¡una fiesta de *aceptación!* Invite a sus amigos y familiares, y permita que cada uno de ellos comparta su historia durante unos minutos. Aprenderá mucho sobre ellos y recibirá consejos prácticos para futuras experiencias. Destape la champaña y distribuya pantalones de fiesta..., y acabará dando un gran paso hacia una vida maravillosa.

90

5

BÚSQUELE EL LADO DIVERTIDO

"Una vida maravillosa requiere humor."

Cuando era niña, a menudo me ponía un sombrero de hongo y un bastón e imitaba a Charlie Chaplin: un actor que me hacía explotar de la risa con su ridícula forma de caminar y su gracioso bigote. A toda mi familia le encantaba cuando yo lo escenificaba y me animaban para que lo siguiera haciendo, y cuanto más se reían más graciosa me volvía, hasta que me dejaba embargar por completo por el acto.

Algunas cosas nunca cambian. Heme aquí, haciendo reír a la gente para reducir su estrés... y disfrutando cada momento. Cada vez que subo al escenario, me siento bendecida de ser capaz de hacer que miles de personas se rían de ellas mismas. Pero no siempre fue así.

Cuando asistía a la Escuela Católica de San José, las buenas hermanas llamaban a mi madre con bastante frecuencia para quejarse de mis payasadas. Decían: "Su hija es inteligente, pero es muy necia"; irónicamente, ¡ahora me pagan por eso! El humor se ha convertido en mi salvación. Como decía el doctor en medicina de Harvard, George E. Vaillant: "El humor es el mecanismo más elegante que tiene el hombre de lidiar con el sufrimiento". En mi caso, es absolutamente cierto, a través del dolor y del placer, la risa me ha prestado un gran servicio durante mi vida.

92

Cuando comencé a interesarme en los efectos curativos del humor, había muy poca información disponible. Tuve la fortuna de que un amigo me hablara de Norman Cousins y de su obra de vanguardia *Anatomía de una enfermedad*. En este libro, Cousins describe su diagnóstico de *ankylosing spondylitis,* un tipo de artritis contundente para la cual no había cura en esa época. Fue hospitalizado con fiebre y con parálisis, y no encontraba ningún tipo de alivio con los tratamientos médicos tradicionales. Entonces Cousins investigó la teoría de Hans Selye, quien había sido uno de los primeros científicos en estudiar los efectos del estrés en la psicología. Cousins dedujo entonces que si las emociones negativas podían producir cambios químicos negativos en el sistema inmunológico, en consecuencia ¿por qué las emociones positivas no producirían efectos positivos?

Decidió entonces eliminar las medicinas, excepto por grandes dosis de vitamina C intravenosa. Invitó a sus familiares y amigos a ver el programa de televisión *Cámara escondida,* y películas de los Hermanos Marx y del Gordo y el Flaco. La inflamación asociada con la enfermedad se curó por sí misma, y Cousins recuperó su salud.

Desde que se publicó ese libro, hemos descubierto que el humor nos ofrece múltiples beneficios para el cuerpo, la mente y el espíritu. Siempre me ha parecido muy divertido, el hecho de que por fin estamos comenzando a descubrir resultados de las investigaciones que definen los efectos obvios de la forma en que nos afecta la risa.

93

Cuando el humor se ausenta de nuestras vidas por largos periodos de tiempo, nos consideramos crónicamente depresivos. Sabemos que la risa ofrece protección contra el estrés y sus efectos tóxicos, si somos capaces de encontrarlo y reírnos de nuestro estrés. Cuando reímos, se incrementa el pulso cardíaco y la presión sanguínea, como si estuviéramos tomando una clase de aeróbicos (Cousins lo llamaba "el trote interno"). Y a menudo, después de hacerlo nos sentimos relajados. Los beneficios son similares a los de la meditación.

La cosa más importante que hemos aprendido de todo esto, es que la risa tiene el poder de hacer que nos comportemos con más amabilidad los unos hacia los otros. Cuando podemos reírnos todos juntos de nosotros mismos, en verdad nos transportamos a un estado de conciencia más elevado.

La comunidad médica también está comenzando a creer en esto. Los hospitales están usando los canales de comedias y de humor en las habitaciones para ayudar a los pacientes a sanarse más rápidamente y a reducir el dolor (las endorfinas que se liberan cuando nos reímos son calmantes naturales). De hecho, el hospital Columbia Presbyterian en la ciudad de Nueva York, fue el primero en participar en la "Unidad de Cuidados con Payasos", la cual fue fundada por Michael Christensen del Big Apple Circus. En la actualidad, por lo menos quince hospitales en toda la nación ofrecen este programa, ya que los profesionales han descubierto que cuando los niños interactúan con los payasos, se mejoran con mayor rapidez. Y a pesar de la abrumadora evidencia que apoya algo tan obvio, todavía muchos de nosotros no lo comprendemos.

"Al igual que a un sapo, al humor se le puede practicar una vivisección, pero el sujeto muere en el proceso, y las entrañas son desmoralizadoras para todos, excepto para el científico puro."

E. B. White

El Ángel de la Muerte

Si observamos la gente en los comerciales de televisión, parece que nos quisieran hacer creer que vivimos en una sociedad en donde todos ríen todo el tiempo, y todo el mundo está siempre divirtiéndose. La verdad es que la mayoría no estamos riendo tanto; de hecho, los estadounidenses ocuparon el *undécimo lugar* en una encuesta de humor mundial. Pero eso no debería ser una sorpresa, después de todo, es muy duro generar ese tipo de carcajadas cuando estamos constantemente agitados y preocupándonos solamente por lograr lo máximo posible. No nos tomamos el tiempo para apreciar que la vida es divertida, y que ¡*nosotros somos* el chiste! No tenemos que pasar días y noches quejándonos y rumiando sobre todas las cosas que no salen como esperamos. Un poco de humor nos ayudaría verdaderamente a aliviar nuestra angustia.

95

OCHO RAZONES POR LAS CUALES NO LOGRAMOS RELAJARNOS

1. **Estamos demasiado ocupados.** Aceptemos la realidad, ¿será que algún día estaremos de veras *desocupados*? Quizá el día de nuestro funeral...

2. **Tememos lo que los *demás* puedan decir.** No sabemos quiénes *son ellos*, pero es cierto que pueden impedirle a mucha gente que ría. (De hecho, algunos de "ellos" viven en mi casa.)

3. **Reunión del comité.** Muchos de nosotros estamos llenos de críticos internos que desean que seamos adultos con seriedad terminal.

4. **Debemos tener la razón.** Es difícil reír si siempre estamos tratando de comprobar algo.

5. **Somos propensos a juzgar y a criticar.** (Esto ocurre con frecuencia, ¿no es así?)

6. **Tenemos demasiadas reglas y normas.**
Cuando nos comportamos como sargentos de instrucción y la vida se convierte en una marcha forzada, es difícil reírse entre dientes.

7. **Debemos sufrir** antes, durante y después de cualquier cosa estresante.

8. **Tenemos un ego muy grande.** Cuando estamos demasiado inflados, no podemos reír porque tememos perder nuestro sentido de la importancia personal.

97

Nuestra forma de vida es crear millones de personas deprimidas. Existe la depresión originada por las tragedias de la vida y la depresión que se deriva de nuestra biología..., pero una gran parte de la depresión que vemos hoy en día, es el resultado de que las personas se sienten solas y desconectadas.

El humor no se crea en el vacío, es necesario que las personas lo propaguen. La risa es contagiosa, nuestro ánimo afecta a las personas a nuestro alrededor. Me gustaría que todos los médicos les preguntaran a sus pacientes si están recibiendo enormes dosis de risa, y si están disfrutando de sus vidas. ¿Están conectados socialmente, tienen buenas relaciones, y están recibiendo amor y cariño a diario? *Esto* sería un maravilloso indicador de buena salud mental.

Le doy gracias a Dios por las medicinas que ayudan a las personas con problemas de estado de ánimo. Pero también creo que algunas personas se podrían beneficiar enormemente si les prescribieran unas buenas carcajadas; receta para la *risa:* ríase cien veces hasta que le duela la barriga y llámeme en la mañana.

98

Pues en verdad está dando resultados en todo el mundo. El doctor Madan Kataria, un médico indio, fundó clubes de la risa para aliviar el estrés que muchas personas sentían, y actualmente viaja alrededor del mundo con su mensaje. Ahora, cientos de personas se reúnen en estacionamientos y se ríen por media hora. El regocijo comienza con un "ja-ja-ja" forzado, pero pronto se contagia como un virus. En consecuencia, los participantes reflejan una mejoría en su salud y sienten menos estrés.

Se ha comprobado que cuando escuchamos a alguien reír, nosotros también reímos. Es una respuesta automática. Piense en las ocasiones en que ha estado en el cine y no entendió una situación cómica pero de todas formas se rió, luego se voltea a mirar a su acompañante y le pregunta: "¿Que pasó?" Nos reímos lo entendamos o no, y la risa que surge de este acto fingido suscita las mismas respuestas químicas que en el caso de una risa auténtica.

¿No deberíamos reírnos con mayor frecuencia?

Las cuatro teorías sobre el humor

Existen cuatro grandes teorías sobre el humor, y sobre cómo y por qué los seres humanos encontramos las cosas divertidas:

1. *La teoría de la incongruencia:* Esta teoría dice que nos reímos cuando pensamos que hemos sido dirigidos hacia una dirección, solamente para descubrir lo que no esperábamos: un giro ingenioso y una sorpresa. Larry Dossey, autor de *Palabras que curan: el poder de la oración y la práctica de la medicina,* se refiere a esto como "la pequeña emboscada de la mente."

2. *La teoría de la liberación:* La cual dice que nos reímos cuando se nos ofrece la oportunidad de liberar pensamientos reprimidos, a menudo de naturaleza sexual e incluso violenta. La mayoría de los chistes verdes pertenecen a esta categoría. También son

99

de este tipo los dibujos animados del Corre-
caminos.

3. *La teoría de la superioridad:* Esta teoría
dice que nos reímos de las desdichas de los
demás, porque nos hace sentir mejor sobre
nosotros mismos. Cuando un niño se ríe al
ver a otro que se cae en el parque, es la teoría
de la superioridad la que actúa. Es cuando
nos reímos *de* alguien, y no *con* alguien.

100

4. *La teoría de la divinidad:* Esta teoría se refie-
re a la actitud de buen talante, a la habilidad
de reírnos de nosotros mismos y vernos
como un chiste cósmico, la cual puede ser
la forma más enriquecedora y gratificante
entre todos los estilos de humor. Esta teoría
del humor trata de ser capaces de ver nues-
tra arrogancia y superioridad, y reírnos de
nuestra absurdidad. Dice, de hecho, que
el crecimiento espiritual debe provenir del
humor, al dejarnos ver las verdades difíciles
sobre nosotros mismos, mostrándonos que
el mundo no gira alrededor de nosotros, y
conectando las personas incluso si es sola-
mente a través de una risa compartida.

Estar en un estado plácido de la mente es la máxima forma de humor. No se trata de ser un comediante, no tenemos que ser Lily Tomlin o Chris Rock para realizar una contribución positiva al mundo. Es cuestión de reconocer que es más que un *yo:* hay un *nosotros* que también es extremadamente importante. Se trata de ayudarnos a ver que estamos en esto juntos, que debemos hacer lo mejor posible de esta vida. Seamos más cívicos, más simpáticos y mucho más amables. Por ejemplo, no puedo enumerar la cantidad de personas que veo mientras viajo, haciendo una escena por las filas en los controles de seguridad en los aeropuertos. Me refiero a actos de cólera personales respecto a cómo están perdiendo el tiempo, lo ineficaz que es, y de cómo se atreven los guardias a revisarlos una y otra vez...

Tengo varias preguntas. Primera: después de lo ocurrido el 11 de septiembre, ¿qué tan cuerda está la persona que monta en cólera debido a la seguridad en los aeropuertos?

Segunda: ¿y qué importa que se tome un poco de tiempo y sea un poco ineficaz? Claro que lo es, pero estas personas están haciendo lo mejor que pueden en circunstancias difíciles.

Tercera (y la más importante): ¿acaso actuar como un niño de tres años lleno de cólera va a hacer que las cosas mejoren? Lo van a revisar; aprenda a vivir con eso.

Cuando hacemos las cosas de manera jovial, todo se hace más fácil y divertido, y también recibimos más cooperación. Cuando viajo y me llaman aparte para revisarme, le digo a los guardias: "¡Me alegro tanto que me revisen. Esta es la mejor revisión que me han hecho en años!" Por lo general, esto ocasiona algunas risas. Ellos hacen lo que tienen que hacer, la vida sigue... y queda solamente aplicar un poco de buena voluntad para compartirla con los demás.

102

CAMBIE ESE CEÑO FRUNCIDO

James Laird, psicólogo de Clark University descubrió que cuando hizo que los participantes de un estudio movieran sus músculos de tal manera que recrearan el ceño fruncido (sin llamarlo así ni decir nada que pudiera crear una actitud negativa), todos informaron sentir enojo. Sin embargo, cuando los participantes movieron sus músculos faciales de manera que replicaran una sonrisa, se sintieron más felices y se rieron con más facilidad. ¡Inténtelo!

"El sentido del humor es probablemente la única
calidad divina del hombre."
Arthur Schopenhauer

El humor como mecanismo de lidiar con el estrés

Cada vez que doy una charla o un taller, siempre
animo a los participantes a que lean *El hombre en busca*
de sentido por Viktor Frankl. Éste fue un psiquiatra que
sobrevivió a uno de los campos de concentración nazi
durante la Segunda Guerra Mundial, y que desarrolló
como resultado una forma de psicoterapia llamada
Logoterapia. En su libro, demuestra profundamente
cómo pueden sobrevivir los individuos a las situaciones
más horribles por medio de la gracia, la dignidad y el
humor.

103

En el prefacio del libro, Gordon Allport escribe:
"El hambre, la humillación, el miedo y la ira intensa se
vuelven tolerables al mantener en secreto las imágenes
de seres queridos, por un sentido profundo religioso,
por medio de un sentido de humor sombrío, e incluso
por medio de atisbos de las bellezas curativas de la natu-
raleza: un árbol o un atardecer." He escuchado muchas
historias de cómo este tipo de humor, llamado "humor
negro", ha ayudado a muchas personas en trabajos
difíciles, particularmente en profesiones relacionadas

con el cuidado de la salud. Cualquiera que escuche casualmente las conversaciones entre enfermeras y médicos podría ofenderse profundamente, pero para ellos, es una forma de encontrar alivio de todos los horrores de los cuales son testigos.

Cuando era niña, me llevaban a muchos funerales italianos, los cuales parecían una película de Federico Fellini. Eran escenas dramáticas en extremo, mientras las mujeres de luto rígido se lamentaban y sollozaban. Luego explotaban las carcajadas cuando la gente comenzaba a contar historias sobre los difuntos. Y, por supuesto, todo terminaba con un gran festín. Así aprendí que hay una distancia muy corta entre las lágrimas y la risa: las dos ofrecen alivio.

104

Cómo seguirle el juego a la vida

Cuando comencé a enseñar, pensé que la mejor forma de hacer que la gente riera era que yo fuera lo más graciosa posible para que ellos no pararan de reír. Al cabo del tiempo, mientras evolucionaba e investigaba más sobre el tema, me di cuenta que aunque este modelo producía beneficios, no les permitía a las perdonas reírse de *ellas mismas*. Y esta era mi meta; porque cuando las personas pueden llegar a ese punto, siempre viajan con su propia escena cómica disponible para aligerar sus vidas.

Después de años de intentar técnicas distintas, me encontré con la obra de Albert Ellis. Cuando leí su libro *Manual de terapia racional emotiva,* las palabras: "nosotros mismos nos molestamos" me saltaron a la vista, y tuve una manifestación de claridad divina. Todos hacemos esto de alguna manera. Tomamos algo con lo cual es relativamente fácil lidiar, y lo convertimos en una crisis. ¿No hemos estado todos en algún momento con alguien que sigue y sigue con una retahíla sobre el hecho de que "¡Está lloviendo! ¿Qué vamos a hacer? Nos vamos a mojar, y nuestro cabello quedará hecho un desastre?" y así sigue y sigue.

105

Esto es totalmente irracional, pero estas personas no parecen verlo. Están más decididas a volverse locas. Seguro que han visto antes la lluvia y ya se han mojado, y no les ha ocurrido nada catastrófico... Entonces, ¿por qué no pueden tomar un paraguas y superarlo? Pero la lluvia no es en verdad lo grave, ¿verdad? Estoy convencida de que no deseamos dejar de quejarnos, porque de alguna manera deseamos llamar la atención. Y puesto que la mayoría de nosotros no nos sentimos muy apreciados o amados, usamos la negatividad como una manera de suplir nuestras necesidades, a pesar de que sabemos que eso desanima a las personas.

Una de las formas de comenzar a cambiar esta conducta y hacer que nosotros, y todas las personas a nuestro alrededor se sientan mejor, es usar el arte de la exageración. Es sencillamente un giro en la forma de molestarnos. En otras palabras, si usted está persiguiendo apasionadamente el sentimiento de culpa, intente exagerar el sentimiento. Viktor Frankl llama a esto: "intención paradójica," la cual significa en términos más simplistas, que si nos molestamos intencionalmente hasta el punto de llegar al extremo en que se convierte en ridículo, nos ayudará a crear la habilidad para desapegarnos...: uno comienza a ser *uno viéndose a uno mismo.*

Por ejemplo, usted va a una cena elegante y no solamente se come todo un filete de res con papas a la francesa, sino, además, un exquisito pastel de chocolate con crema batida para el postre. En mi caso no me parece que esto sea un tema de autoflagelación, pero para muchas personas sí lo es. Se levantan al día siguiente queriendo morirse. Se recriminan por su falta de autocontrol, se siente culpables y enojados con ellos mismos por esa indulgencia, y comienzan a hacer penitencia ejercitándose exageradamente y haciendo dieta hasta el punto de casi morir de hambre.

Si esto le suena familiar, le sugiero lo siguiente: siga con el asunto hasta rebasar los límites de la cordura. No solamente corra cinco millas en el caminador y coma una galleta de arroz para el almuerzo. ¡Llénese de fantasía y vuélvase loca! Absorba toda la intensidad del asunto, ¡ríndase a su culpa! ¿Qué será de usted por haber permitido esa indulgencia tan horrible y despreciable? Se comió una carne asada. Dios mío, ¡qué criatura más asquerosa! No tiene ningún tipo de autocontrol. Y además, ¡papas a la francesa! Y postre. ¿Cómo puede siquiera caminar y mirar a la gente a los ojos? Tal vez lo mejor sea meterse bajo la cama y jamás volver a salir; nadie desea mirarla. Además, para ese entonces, es probable que su ropa ya no le quede, o sea que de todas maneras no puede vestirse y salir de la casa. Y aunque pudiera hacerlo, la gente se reiría a sus espaldas. Es mejor que se despida de su esposo e hijos, porque ellos están mejor sin tener que llevar a cuestas a una cerda como usted. Después de todo, ¿qué clase de ejemplo puede estar dando?

107

¡¿Comer pastel de chocolate con crema batida?! Antes de que se dé cuenta, los niños también comerán pastel de chocolate con crema batida, y entonces *sus* vidas se acabarán también. Es mejor dejarlos ahora; dejarlos y que se las arreglen como puedan, o conseguirles una nueva mamá que no los avergüence de manera tan grotesca y humillante. Darles una madre que merezca su amor, una madre que solo coma brotes orgánicos y tofú.

¿Y luego qué? ¿Qué ocurre después de que usted empaca sus maletas y se despide con un beso de las fotos de sus hijos, dejando huellas de sus labios untados de crema batida en los marcos de las fotografías? Puede ir al centro de la ciudad, sentarse en una silla en McDonald's y no irse jamás. Saque todo el dinero de su cuenta bancaria y sientese ahí, comiendo Big Macs y pasteles de manzana calientes hasta que tengan que traer una grúa para arrancarla de ese lugar porque usted ya no puede pasar por la puerta. Tendrán que construir un ala especial en el zoológico, al lado del entorno de los elefantes, porque no existe habitáculo humano capaz de acomodarla. Los niños de la localidad vendrán y la señalarán, tirándole cacahuetes y riendo a sus expensas.

108

¿Ya está comenzando a divertirse? ¿Y qué tal este otro caso?: Se quedó dormido y llegó quince minutos tarde a una reunión de personal. Su jefe va a estar furioso. ¿Cómo pudo usted ser tan estúpido?

Partamos de ese punto. Usted caminará hacia la oficina y su jefe estará en la puerta principal, con los brazos cruzados, y con el resto de la compañía detrás de él.

"Señor Jones," dirá, "llegó tarde a la reunión."

"Lo siento," usted responderá.

"¿Lo siento? ¿Escucharon eso? Él lo siente." Todos se ríen, lo miran fijamente y hacen comentarios en voz baja.

"Esta compañía acaba de cerrar actividades y todo es por su culpa," dirá su jefe. "Este negocio fue fundado por mi abuelo hace ciento veinte años, y en una mañana usted lo ha destruido todo."

Usted comienza a retroceder hasta que alguien comienza a hablar desde la parte de atrás del grupo: "Tuve que sacar a mis hijos de la escuela porque ya no puedo pagarla."

"¡Mi esposa me dejó por alguien que sí tenía un empleo!" grita otro.

Usted se arrastra hasta su auto y se va a su casa, pero para cuando llega, su familia ya lo ha abandonado. Lo único que queda es una nota: *¿Cómo pudiste avergonzarnos así? Me fui a casa de mi madre, y jamás volverás a ver a tus hijos.*

Usted saca sus conclusiones: sin trabajo, solamente será capaz de pagar la hipoteca por dos meses más. Por supuesto, jamás encontrará otro empleo después de su terrible fiasco, entonces tendrá que vender la casa. Usted no vale un céntimo: quebrado, sin familia, viviendo en la calle, pidiendo limosna.

Descubrirá que cuanto más logre aliviar su estrés llegando a conclusiones absurdas, más logrará difuminarlo. Comenzará a ver que sus obsesiones y sus

preocupaciones probablemente son desproporciona-
das. ¿Qué puede pasar porque haya consumido una
cena grasosa? Probablemente nada. Quizá ganará uno
o dos gramos. Si lo hace *todos los días*, eso ya es otra
historia..., porque entonces sí podría terminar en la
jaula del elefante.

"El humor es solamente otra defensa contra el universo."
Mel Brooks

110

Usted y Jerry Seinfeld

Otra gran técnica que uso con clientes es ayudarlos
a visualizar su vida como una serie cómica. Le apuesto
a que si lo intenta, podría escribir un guión con las
cosas de sus amistades y familiares que lo vuelven
loco (y las cosas que le gustan también), y hacerlas
graciosas. No conozco a nadie que no tenga en su vida
personas y relaciones lo suficientemente raras como
para que no pueda realizar una comedia que pueda
competir con *Seinfeld*.

Piénselo. ¿Cuáles son algunas de las extravagan-
cias de las personas que conoce y cómo podrían ser
caracterizadas si esa persona fuera un personaje de
una serie cómica? Mi madre, por ejemplo, tiene la
habilidad de crisparle los nervios a todo el mundo y

eso me enloquece por completo. Ella nunca ha sido una persona fácil, y ahora, como si faltara una razón, su edad avanzada ha hecho que se convierta en una persona aún más difícil. Ha perdido sensibilidad y piensa que puede decir lo que sea. Por ejemplo, hace unas semanas, me dijo que yo comenzaba a lucir como un huevo.

Claro que parece un comentario gracioso. Pero les aseguro que no se sentía así cuando lo dijo (en el momento en que me medía un vestido nuevo y me miraba al espejo). Me dolió, sonó irrespetuoso y duro. Es una de esas cosas que los familiares (por lo menos los míos) piensan que pueden decirle a *uno*, pero que jamás se atreverían a decirle a nadie fuera de la familia.

Pues bien, yo pienso en mi madre como el personaje de una serie cómica, y de alguna forma eso le quita un poco de la ponzoña. La veo haciendo el papel de Estelle Getty, quien era la madre en *Los años dorados*. La veo como una vieja excéntrica que dice todo lo que quiere, y que vuelve loco a todo el mundo a su alrededor. La veo entrando y saliendo de las escenas, diciendo absurdidades, y regresando luego a lo que estaba haciendo antes. Imagino a mi esposo estoico lanzándole frases ingeniosas, manteniéndose al margen como hacen por lo general los maridos en las series cómicas (en vez de lo que ocurre en realidad, que es que de verdad deseo, ¡que la castigue por mí y me pongo furiosa cuando no lo hace!).

¿Entiende? ¿Podría escribir su propio guión?

¿Quién es el personaje principal? ¿Quizá un amigo íntimo leal? ¿Un vecino cansón? ¿Un colega de trabajo egoísta? ¿Un hermano patético? ¿Quién sería el enamorado? ¿Hay algún personaje que le recuerde a George Costanza de *Seinfeld?* ¿Ethel Mertz de *El show de Lucy?* ¿Hot Lips Houlihan de *M*A*S*H?* ¿Hay una sabelotodo como Diane en *Cheers?* ¿Una compañera de cuarto tontarrona como Chrissy Snow en *Tres son multitud?* ¿Una vecina ruidosa como la señora Kravitz en *Hechizada?*

112

¿Algunas de las personas en su vida tienen características peculiares que sonarían divertidísimas si estuvieran en una pantalla de televisión? ¿Alguien hace mucho ruido con sus dientes? ¿Alguien comienza todas las frases con la misma palabra? Todos estos ejemplos pueden ayudarlo a completar los detalles de su serie cómica psicológica, y hacerle ver lo entretenidas que pueden ser las cosas a su alrededor algunas veces, incluso si estas son las mismas cosas que lo vuelven loco.

> *"El sentido del humor es parte del arte del liderazgo,*
> *de relacionarse cordialmente con los demás, de*
> *lograr que las cosas se hagan."*
> Dwight D. Eisenhower

Aparentar buen humor

Usted sabe que puede hacerlo. No importa lo enojado y miserable que se sienta, si suena el teléfono, usted atiende con la voz más placentera posible y dice "¿Aló?" Y si mantiene la apariencia de placidez cuando termina la conversación, ya no se sentirá tan enojado.

Si anda por ahí frunciendo el ceño, nadie querrá hacerlo sentir mejor. Pero nosotros los seres humanos tendemos a imitarnos mutuamente, lo cual significa que si anda con una sonrisa en su rostro, meciendo agradablemente sus brazos como si estuviera disfrutando al máximo su momento, también provocará gestos similares de los demás. Nos sintonizamos con el ánimo y las conductas ajenas, por esa razón si aparenta estar de buen humor, otras personas a su alrededor se contagiarán, el ánimo de esas personas mejorará, y ¡el suyo también!

El efecto del "buen humor" es mucho más poderoso incluso que el tremendo efecto en la mente de una buena carcajada. Lo que quiero decir es que ¿no sería maravilloso si al final de un concierto o de un juego de pelota, en vez de que todo el mundo se lanzara hacia los corredores para tratar de llegar primero a su auto, se quedaran conversando en los corredores sobre lo que acaban de ver?

Me encanta hablar con la gente en todas partes a donde voy: en los ascensores, en las filas de los cajeros, en las intersecciones. Cuando mi esposo está a mi lado, siempre me hace la misma pregunta: "¿Por qué hablas con esa gente? Ni siquiera los conoces." Siempre le respondo igual: "Pues ese es el punto, ¿no?" Cuando uno habla con alguien, es para conocerlo. Le pregunto a las personas cómo se sienten ese día. Les digo que me gusta su forma de vestir. Hago comentarios sobre las cosas que están ocurriendo a nuestro alrededor.

Con frecuencia digo algo divertido, pero es porque ése es mi estilo. El otro día en el supermercado, la mujer que estaba empacando las compras me preguntó si prefería bolsas de papel o de plástico. Le pregunté cuáles eran las ventajas de cada una. Después de explicarme que algunas personas preferían las bolsas de papel por razones ambientales, mientras que otras preferían las de plástico porque eran más flexibles y fáciles de llevar, pensé durante un largo tiempo. Luego le dije que no me importaba, que una bolsa era una bolsa. De hecho, yo misma era una vieja bolsa. ¿Qué representa una vieja bolsa para otra vieja bolsa?

114

Se río y me dijo: "¡No vemos mucha gente como usted por aquí!"

¡Estoy segura que no las ve! Pero ese no es el punto. El punto es que lo que le dije a esa mujer hizo que el momento fuera más alegre y atrajo más amabilidad de su parte, además de que nos permitió comunicarnos sobre nuestras vidas.

Mantenga presente que la risa es un lubricante social. Es fácil cambiar algo irritante por algo divertido. La próxima vez que esté estancado en una fila, en vez de quejarse y volver loco a todos a su alrededor, comience a hablar con las personas. Diga algo así como: "Y bien, es realmente grandioso estar aquí con todos ustedes. ¿Qué tal si pedimos una pizza mientras esperamos? Aquí en mi bolsa tengo una televisión y una videograbadora. Podemos ver una película en lo que esperamos..."

Al principio, la gente puede mirarlo de forma extraña, pero pronto lo seguirán..., siempre lo hacen. Y si usted no es del tipo de persona que se siente cómodo payaseando, solo salude o pregúnteles cómo están. Cambiará de manera increíble el espíritu del momento. Es muy fácil tomar los pequeños pasos que atraen el buen humor en su vida. A menudo no es más que un gesto, un saludo o un comentario gracioso. Es un instante de comunicación que puede parecer

115

insignificante, o que podría llegar a cambiar la vida de alguien.

La risa hace la vida más fácil, nos permite ver lo absurdo de todo y le ofrece vacaciones a nuestro cerebro así como una toma de conciencia de la realidad. En definitiva, estar de buen humor hace que la vida sea más simple, más relajada y más humana.

6

PÓNGALE SU TOQUE ESPECIAL

"Una vida maravillosa requiere creatividad."

Cuando conduzco mis seminarios, a menudo les pregunto a las personas cuáles son las cosas que los estresan, y luego las recreamos en formas distintas, de manera que les pido que las canten, las bailen y las actúen. Estos ejercicios son muy diferentes de todo lo que estamos acostumbrados a hacer. Y este es el punto.

Cuando le ponemos un toque especial a las cosas, logramos una nueva perspectiva, y con frecuencia podemos salir del atasco. Pero la mayoría de nosotros prefiere enfrentar un escuadrón de la muerte que hacer algo nuevo e inusual. Cuando nos enfrentamos al prospecto de pensar o actuar de manera distinta, intentamos repetir las expresiones tales como: "Así he hecho las cosas por años. Así soy yo." Si hay algo que me saque de las casillas, es escuchar a alguien decir eso. ¡No! Así *no* es usted, usted es mucho más que eso.

No deberíamos jamás contentarnos con vivir versiones frustradas e inhibidas de nosotros mismos. Desde el comienzo de los tiempos, los seres humanos hemos deseado ser más, hacer más de nosotros y esencialmente ir donde nadie ha osado llegar. En nuestro interior hay un profundo deseo de ser creativo. Nacemos llenos de curiosidad y anhelamos ser únicos.

118

Observe cómo un niño vuela por toda la casa, golpeando la mesa del centro de la sala, quitándose su ropa interior y colocándola con cuidado en su cabeza, riendo constantemente ante sus ocurrencias. ¿A cuántos de nosotros nos han corregido nuestros padres diciéndonos: "¡Deja de golpear la mesa! ¡No te pongas los calzones en la cabeza!"?

El niño o la niña ve todo con "ojos nuevos", algo que la mayoría de nosotros tiende a perder a lo largo del camino hacia la adultez. Es más seguro "ajustarse", y dejamos de experimentar y de atrevernos a hacer tonterías. Por eso es irónico que muchas personas que admiramos por ser osadas y diferentes, en verdad no son tan originales. Sencillamente, han decidido expandir sus mentes y sus almas en vez de retraerlas.

Este no es un capítulo sobre cómo tener acceso a su artista o bailarina internos, sino más bien cómo salir de la caja mental en que podría estar habitando para moverse hacia lugares gloriosos llenos de colores, formas, y personas únicas; pensamientos brillantes y relucientes. Me emociono de solo pensar en las posibilidades de quién y qué podemos llegar a ser...

Una mirada en el espejo

Cada día nos levantamos y ejercemos nuestros rituales, muchos de los cuales son bastantes satisfactorios. Disfruto sentarme en una acogedora silla y tomarme una taza de café mientras contemplo mi jardín por la ventana. A pesar de que he escuchado que pararme en la cabeza es muy saludable y atrae flujo sanguíneo a mi cerebro, no es algo que me gustaría hacer a primera hora de la mañana. Tampoco me ayudaría a ponerle un toque especial a las cosas..., solamente serviría para hacerme sentir mareada.

Nuestros rituales pueden ser buenos para nosotros, y pueden también reconfortarnos (ciertamente no tengo la intención de renunciar a mi café en la mañana en mi acogedora silla). Pero una dependencia indoblegable de los rituales puede ser destructiva, no solamente para nosotros, sino también para la sociedad.

Cuando nos volvemos inflexibles, comenzamos a sentirnos como si estuviéramos viviendo nuestra propia versión de la película *Atrapado en el tiempo*, la misma cosa, día tras día. Y esa falta de flexibilidad en los rituales y en las ideas, en su forma más extrema, conlleva a una conducta radical.

Es muy emocionante comprender que algunas de las investigaciones más recientes sobre el cerebro demuestran que si desarrollamos nuevas formas de pensar y de ser, podríamos eventualmente llegar a evitar los efectos de la demencia senil. Si dejamos de pasar tanto tiempo en nuestro mundo exterior y pasamos más tiempo en nuestro mundo interior, no hay límite en los beneficios que eso nos aportaría. Todo el mundo habla sobre ir al gimnasio y hacer sus "ejercicios," pero, ¿no deberíamos también ejercitar nuestras mentes? ¿Qué tal un gimnasio para la *mente*?

120

En su libro *Aging with Grace (Envejecer con gracia)*, el doctor David Snowden comparte sus estudios sobre un grupo de monjas a las cuales les había seguido el rastro por un número determinado de años. Muchas de ellas llegaron a vivir noventa y tantos años y un número sorpresivo de ellas llegaron a los cien años de edad. Sufrían menos y en forma más ligera de demencia senil, Alzheimer y afecciones del cerebro que las demás personas. El doctor Snowden encontró que las hermanas competían haciendo crucigramas, pruebas de vocabulario y debates; realizaban seminarios sobre los eventos actuales y escribían en sus diarios. Después de examinar más de cien cerebros donados en el momento de la muerte por La Escuela de Hermanas de Notre Dame, afirmó que los axiones y las dendritas que por lo general se encogen con la edad, se ramifican y hacen nuevas conexiones si reciben el estímulo intelectual suficiente. El viejo adagio de "úsalo o se oxida" en verdad que aquí se aplica.

¿Qué hace que perdamos la magia?

Hay muchas razones por las cuales nos quedamos atrapados en nuestras rutinas. La más obvia es que la creatividad está perdiendo sus raíces en el laberinto del mercado de masas. Cada día nos bombardean imágenes que reflejan lo que deberíamos ponernos, usar, hacer o pensar. La última forma de locura grupal es el yoga. A lo largo de los años, he visto muchas novedades en el mundo de la gimnasia, pero jamás pensé que el yoga se convertiría en algo tan popular. ¡Error total! Hace varios meses, la revista *Time* sacó en su portada a Christy Turlington en una pose de yoga, desde entonces, todo lo relacionado con el yoga está de moda. Eventualmente, seremos conocidos como "la nación Yoga," puesto que ahora hay yoga para parejas, para la tercera edad, para niños, y pronto veremos yoga

121

para perros y loros. Hay tapetes para yoga, cojines, velas, revistas, libros y videos...

No me sorprende el hecho de que las personas estén más sintonizadas con el concepto. Lo que me parece preocupante es lo que está detrás de todo eso. Como cultura, pareciera que tenemos que hacer lo mismo que están haciendo todos los demás, en vez de examinar nuestros propios instintos creativos. Podría ser que contorsionarnos hasta parecer una rosquilla mientras entonamos cánticos nos hiciera sentirnos ansiosos, quizá nos hace sentir mejor nadar, practicar esgrima o aprender a bailar tango. Pero no, ¡qué va!, cedemos ante lo que consideramos la "moda" del momento.

¿Qué tanto nos descarriamos de lo que llamamos nuestra musa interna? ¿Podría imaginarse a un grupo de niños de dos o tres años haciendo lo mismo? Sería como intentar controlar a un grupo de caballos salvajes. Llevar vidas de insulsa uniformidad nos aleja de una vida de gozo y celebración. Debemos cruzar los límites y alejarnos de la multitud si queremos ponerle nuestro toque especial.

El cúmulo de archivos

La patrulla organizadora ha asumido el mando de este país. Las librerías venden cientos de libros que intentan persuadirnos de que nos entrenemos a salir de las cosas que no necesitamos; y nos muestran cómo tomar lo que *sí* necesitamos y colgarlo, doblarlo, marcarlo con colores, colocarlo en tubos, contenedores o repisas. Por supuesto, no hay que olvidar que debemos aplicar la técnica de *feng shui* a todas las cosas, lo cual significa que nuestros muebles tienen que estar en la dirección correcta, en caso contrario, nuestras relaciones y negocios se irán a la basura...

123

Yo soy probablemente el Anticristo de la organización. No tengo un organizador ni una Palm Pilot, y esto enloquece a mis amigos. Me preguntan continuamente: "¿Cómo recuerdas las citas y los números de teléfono?" Es muy simple, lo hago de la forma en que todo el mundo en el planeta lo hacía antes de que se inventaran esos benditos aparatos: confío en mi memoria y así mi cerebro se convierte en mi organizador interno. Mi madre se las arregló para pasar por la vida y tener una carrera fascinante en Wall Street (trabajando para una compañía de abogados muy importante) sin un organizador. Mi padre tenía una gran panadería en Brooklyn con muchos empleados. Tampoco usó organizador.

Sé que los discípulos de la organización que están leyendo esto están listos para estallar y decirme todo lo que me estoy perdiendo, y cómo podría hacer mucho más si tuviera la *Biblia del Buen Desempeño* a mi alcance. Quizá este es el punto. Una vez que todos llevamos algo que nos programe cada momento del día, sin dejar tiempo para jugar y para ser espontáneos, entonces nos volvemos esclavos del conformismo..., y el conformismo nubla la mente.

Ahora bien, estoy segura de que los organizadores son útiles de muchas maneras, pero también son destructivos. Confiar en ellos hasta llegar al punto en que excluimos ejercitar nuestra memoria, comienza a deteriorar nuestra habilidad para recordar. Nuestro cerebro se adapta a su carga de trabajo, y tener buena memoria es crucial para la creatividad. Nos ayuda a realizar las conexiones que pueden hacer brotar nuevos conceptos y formas de ser.

En nuestra época, los científicos parecen creer que el verdadero genio es a menudo el producto de una mente poco estructurada y caótica. Los grandes inventores y artistas a menudo parecen compartir una variedad aleatoria de intereses y pasiones. Ellos no están estructurados, parecen caer en una cosa con la misma facilidad que caen en otra, como si sus intereses fueran botes a la deriva de las olas. Con frecuencia encuentran su camino hacia la grandeza de forma distinta a la planificación avanzada y cuidadosa; de hecho, a menudo ocurre como un evento fortuito. Se involucran en todo lo que la vida les ofrece, y se mueven alegre y despreocupadamente de una cosa a la siguiente, saciando su sed de emociones, conocimiento y diversión.

Tal vez nuestra confianza en la estructura y la organización perjudica nuestra habilidad de pensar en cosas distintas a las habituales...

Exprésese con su manera de vestir

125

¿Cuándo fue la última vez que vio a alguien vestido de manera ostentosa? Pues bien, acabo de pasar dos semanas en Provincetown, Massachusetts, y puedo decir con honestidad que me quedé totalmente sorprendida por la fabulosa combinación de vestuarios de la cual fui testigo a diario. En todas partes prevalecía la extravagancia. Vi un atavío extravagante tras otro, y la gente deambulaba por las calles deleitados con ellos mismos. Nadie trataba de probar nada, solo estaban cómodos con su creatividad.

Era un verdadero deleite verlos a todos vestidos de la forma en que querían, y no de la forma que las revistas de moda dicen que está "in" en esta temporada. Es bueno expandir la imaginación un poco cuando uno se viste. Use de vez en cuando un sombrero, compre una bufanda de plumas del color que le guste sin temer que la patrulla de la moda le diga que eso está "out" este año. Pretenda que volvió a la época en que jugaba a disfrazarse. O pídale a unos amigos que vengan a su casa y que se pongan algo que no se atreverían a usar en público. Quizá siempre ha soñado con verse como una estrella de *rock* o quizá usted sea más al estilo de la Cenicienta...

¡No espere hasta que llegue el Día de las Brujas! Hoy mismo puede usar su disfraz.

126

El mundo a su alrededor está girando

La creatividad lo rodea, lo único que debe hacer es abrirse a ella.

En este mundo, a menudo demasiado ocupado, es fácil volverse insensible a lo único y diferente. Sin embargo, el universo está constantemente creándose y recreándose: estrellas mueren y nuevas emergen; el viento es suave y nos acaricia, o es feroz e implacable; las nubes forman una miríada de figuras. ¿Cuándo fue la última vez que miró hacia el cielo y vio un personaje de dibujos animados o un animal en las nubes?

Muchas personas se levantan cada día y encienden de inmediato el televisor para ver lo que está ocurriendo en el mundo. Ahora bien, estoy de acuerdo con estar bien informado, pero pasar algunas mañanas en silencio podría ayudarlo a tener más paz interior. Después de todo, una mente callada se vuelve más creativa. Comprendo que muchos de ustedes tienen hijos, mascotas y toda una serie de distracciones que no les permite mucho tiempo de quietud. Pero apagar el televisor ayuda a disminuir el caos. Ponga más bien un poco de música clásica, o pídale a sus hijos que le cuenten chistes mientras desayuna. Yo iría aún más lejos y le pediría que les lea algo de poesía. El punto es que hay muchas soluciones creativas que pueden ajustarse en su estilo de vida de muchas formas distintas.

127

Conozco al gerente principal de una gran agencia de publicidad en la ciudad de Nueva York quien probablemente gana mucho más de un millón de dólares al año. Sus colegas, e incluso algunas de las personas que trabajan para él como ejecutivos, llegan a su trabajo en autos con choferes y se mueven por la ciudad con todo lujo. Pero este hombre viaja en bicicleta a su oficina todos los días. No tiene nada que ver con el costo; el dinero no tiene ningún significado para él. Andar en bicicleta lo hace sentir joven, vibrante y en forma, y lo acerca a la emoción de la ciudad. Lo hace sentir ágil y en control, mientras que viajar en la parte de atrás de un auto lo hace sentir letárgico e inútil.

Por supuesto, la gente piensa que mi amigo está loco y que es un excéntrico por hacer algo así. Las personas con las cuales él se relaciona, piensan que se han ganado el derecho de andar en un auto de la compañía; es un símbolo de su importancia y de su estatus. Están al máximo nivel en sus campos, y desean que todo el mundo lo sepa. Y, obviamente, sus hermosos trajes jamás quedan salpicados por un taxi que pasa a toda velocidad por un charco, tal como le ocurre con regularidad al hombre de la bicicleta. Sería mucho más fácil para este ejecutivo permitir que lo transportaran en auto a su trabajo; sería más fastuoso, calmado y elegante, y las personas dejarían de verlo como un caso raro. Pero, ¿por qué no lo hace?

Porque se rinde honor a sí mismo. Sabe lo que prefiere, y no le importa realmente lo que los demás piensen de él. Se siente con la suficiente confianza como para que el simbolismo del estatus de rango elevado que significa ir en un auto no le parezca llamativo. Al escoger hacer las cosas a su manera y no dejarse llevar por la "norma," se siente mucho más como su propio hombre.

128

Usted es demasiado... algo

A menudo criticamos y juzgamos el vestuario, la personalidad o la manera de pensar de los demás. Siempre me han criticado por ser demasiado sensible: "Deberías fortalecerte, Loretta. Eres demasiado buena gente." Está bien, pero mi sensibilidad hacia los demás ha sido una de las razones por las cuales he tenido tanto éxito en mi carrera. Por supuesto que tiene sus desventajas. Muchas veces, ser demasiado sensible me hace sentir como un satélite ambulante, captando todos los asuntos ajenos y transmitiéndolos de regreso hacia mi ser. Pero sin sensibilidad, no existiría gran parte del arte, la música y la poesía de este mundo.

129

Pasamos muchas horas de nuestras vidas señalando lo que pensamos que debería cambiarse para que quede ajustado a un patrón mental que hemos tenido. Nos recriminamos con lo que pensamos que debería ser: deberíamos ser más fuertes o más inteligentes; o más agresivos, o más sensibles o innovadores. Pero si tratamos de acoger, no de borrar, lo que vemos, escuchamos y sentimos, podemos aprender algo nuevo, o conectarnos con algo que podría incrementar nuestra habilidad de ser más alegres. También puede activar nuestro creador interior.

LA MUERTE DE LA CREATIVIDAD PROVIENE DE:

❀ Aferrarse a las palabras

❀ Miedo y estrés

❀ La obsesión con tener todo bajo control

❀ Ser de naturaleza crítica

❀ Ver siempre lo que existe versus lo que no existe

❀ Ser demasiado lógico y poco juguetón

❀ Demasiados *no* en nuestra vida

130

El camino hacia la genialidad

Los episodios creativos son más productivos cuando son precedidos por meditación o por un ejercicio aeróbico. Así es que tome unos minutos, siéntese en su silla favorita e intente lo siguiente:

Inhale y exhale lentamente unas cuantas veces. Comience con sus pies. Apriete los dedos de sus pies y luego suéltelos; apriete sus pantorrillas y sus muslos, luego suéltelos con suavidad. Apriete los puños y suéltelos; apriete sus brazos y relájelos.

Apriete su abdomen, su espalda y sus hombros y suéltelos con suavidad (sí, ¡puede dejar que su barriga quede colgando!). Apriete su rostro y suéltelo. Inhale de nuevo dos veces y deje que todo su cuerpo se hunda en la silla.

Ahora imagínese en un bello campo de flores hermosísimas. Se siente lleno de emoción de estar en medio de tan embriagadora fragancia y profusión de colores. Usted ha traído una canasta grande donde va a colocar las flores que recoge para llevarlas a casa. Cuando se agacha para oler una de las flores, nota que en medio de ella hay una palabra escrita. Dice CANTA.

Mientras vaga por el campo, advierte que en el centro de cada flor hay una palabra escrita: ESCRIBE, PINTA, BAILA, INSPÍRATE, SALTA, DA VUELTAS, JUEGA. Está deslumbrado ante tanta belleza y tantas opciones, pero sigue recogiendo más y más flores hasta que llena la canasta. Todo su espíritu se siente renovado, y su mente está llena de las ideas maravillosas que le han inspirado las flores. Ahora véase regresando al presente en su acogedora silla. Bostece y estírese como un gato, recordando el maravilloso ramillete de ideas creativas que trajo consigo. Asegúrese de mantener algunas flores en un jarrón en algún

131

lugar para recordar que usted es capaz de muchos momentos creativos.

Baile y encuentre un nuevo paso

Tal como lo mencioné anteriormente, en mis seminarios les pido a las personas que interpreten diferentes bailes para ilustrar las cosas que los estresan en sus vidas. ¿Se pueden imaginar lo mucho que nos divertimos cuando las personas, muchas de las cuales no han movido sus cuerpos de forma creativa por años, ahora comienzan a adoptar el concepto de conjugar el estrés con el baile? Gabrielle Roth, una famosa terapeuta de la danza, habla de su técnica en su libro: *Meditación en éxtasis*. Ella dice que en gran parte el estrés posee un elemento de *staccato*, y que si nos tomamos el tiempo de bailar podríamos aliviar esa tensión.

132

Una mujer en mi taller pasaba gran parte del tiempo discutiendo sobre su falta de habilidad para dejar de preocuparse. Ella habría sobrepasado todos los niveles al preocuparse por su preocupación constante. Al término de nuestro último día juntas, después de haber pasado por diferentes ideas y técnicas, ella sentía que *nada* podría ayudarla.

Luego dividí el grupo en diez equipos de cinco personas cada uno. Les dije que tenían que escoger una de las causas de estrés de uno de los miembros del grupo para crear un baile al respecto. Llevé conmigo una amplia variedad de música que se componía de sonidos de tambores y mucho ritmo. Les dije a los participantes que usaran uno de mis disfraces (de entre los muchos que poseo) o que se pusieran su propia ropa de forma inusual. Les di quince minutos para planificar la presentación, porque más tiempo hace que la gente piense demasiado.

Escuché todo tipo de excusas: "Solo tengo dos pies," "Todo esto me suena raro," "No lo puedo hacer "... todas las cuales ignoré. A todos nos encanta salir con excusas de las razones por las cuales "no podemos" hacer algo, ¿no es cierto? Los *no puedo* parecen siempre superar de lejos a los *puedo*. Entonces, le insistí a estas personas que me demostraran lo que *podían* hacer.

Se acabó el tiempo y el espectáculo comenzó. Todos los grupos estuvieron fantásticos. Una contable que sentía que en el trabajo la gente se aprovechaba de ella, fue vestida por su equipo con una túnica negra. La colocaron en medio del círculo y bailaron alrededor de ella lamentándose: "Pobrecita, pobrecita, pobrecita," como un coro griego. No podíamos controlarnos. Nos reíamos a rabiar..., pero más importante aún, la técnica finalmente ayudó a la asediada contable a reconocer su martirio.

133

El baile más fantástico ocurrió con mi amiga la aprensiva y su grupo. Comenzaron en el rincón y deliberada y lentamente mostraron sentimientos de preocupación. Con los ceños fruncidos, las manos en sus sienes fingiendo desesperación, se encorvaban y se miraban mutuamente con expresiones de sobresalto. Yo estaba totalmente atónita; fue una experiencia poderosa para todos. Por medio del movimiento, lograron demostrar de manera efectiva el dolor y la destrucción que originan la preocupación.

134

Pero aún más profunda fue la manera en que este ejercicio creativo cambió la percepción de esta mujer de cómo y por qué se preocupaba. La vi unos seis meses más tarde, y me dijo literalmente que había cambiado su manera de pensar. Ahora veía con claridad su papel en la "danza" continua de la preocupación, y los terribles efectos que había tenido en su vida. Ese reconocimiento la había ayudado a recuperar el control sobre su conducta obsesiva.

Ninguna de estas personas va a terminar actuando como Alvin Ailey, pues ese no es el punto. No tienen que crear algo imperecedero, ni siquiera un paso que se ponga de moda. Simplemente tenían que *crear:* usar el proceso como un sendero hacia el alivio del estrés y ver una nueva forma de pensar en un problema.

Atorado entre dos pisos

Pocas veces usamos nuestros talentos creativos para pensar en formas distintas de ver las cosas o las situaciones diarias. Por ejemplo, de vez en cuando, usted podría estar en un ascensor y descubrir qué está pensando: *¿Qué tal que me quede aquí atorado? ¿Qué haría?* Pues bien, esta es su oportunidad: la próxima vez que reciba amigos en su casa, en vez de jugar los mismos juegos de salón de siempre, trate de realizar una sesión de generación de ideas.

Siéntense en círculo y designen a una persona como el secretario. Él o ella registrará las ideas, pero también participará. Programen quince minutos para este ejercicio. El punto de la generación de ideas no es ser laborioso, es decir, lo primero que le llegue a la mente: bueno, malo o indiferente. Y rápido.

La tarea es la siguiente. Usted está en un ascensor con otras cinco personas cuando de repente se detiene. Están atorados entre dos pisos, las luces se han apagado, y el aire acondicionado no funciona. Trate de pensar en por lo menos cien formas en que podría divertirse mientras se encuentran atorados. Habrá muchas personas que se quejen por la cantidad de formas requeridas (lo cual siempre me fascina porque no hay límite en las formas creativas que se nos ocurren para hacernos sentir mal). Permita que todo el mundo

135

se exprese sin que nadie los critique. Cada vez que escuche una gran idea, únase a ella y añada algo más.

Listos, en sus marcas, ¡vamos! Estas son algunas ideas para comenzar:

- ❋ Abrazos grupales

- ❋ Masajes individuales

- ❋ Meditación en grupo

- ❋ Un nuevo grupo coral llamado "El pozo del ascensor"

- ❋ Inscripciones en las paredes tipo grafiti en la oscuridad (y cuando llega la luz: ¡sorpresa!)

- ❋ Clases de idiomas extranjeros

- ❋ Sexo

- ❋ Sesiones de terapia

- ❋ Lectura de poesía

- ❋ Jugar a *Sobreviviente* (y votar por sacar a alguien del ascensor)

Siga pensando...

COPIE Y PEGUE SU SENDERO
HACIA LA BUENA SALUD

Hacer un *collage* es otra forma de liberar la energía creativa, y usar los empeños artísticos para entrar en contacto con las emociones. Les pido a las personas que se sienten al lado de un montón de revistas y de cartulinas, y les pido que corten y peguen ilustraciones, fotografías e incluso titulares que expresen algo acerca de sus vidas, incluyendo sus esperanzas, sueños y desilusiones.

Algunas veces les pido a las personas que hagan dos *collages* distintos: uno que ilustre sus vidas de la forma actual, otro que ilustre la vida que les gustaría llevar. El poder de ese ejercicio es a menudo sorprendente. Una mujer que hizo un *collage* de su vida actual, de hecho, estaba lleno de fotos preciosas de casas y jardines, de naturaleza y de arte. Luego hizo otro de la vida que deseaba, y a primer vistazo, no era diferente del otro en nada: mucha naturaleza, habitaciones y algunas escenas costeras. Ella se quedó viendo los dos y no podía siquiera ver la diferencia entre ellos. Le pregunté por qué había escogido poner algunos de los recortes en uno de ellos y no en el otro, y me dijo que honestamente no sabía por qué algunos recortes parecían más parecidos a lo que ella deseaba en la vida que ya tenía.

Pero yo lo vi de inmediato. El *collage* de la vida actual era hermoso, pero los colores eran neutros y serenos: tonos de café, verde, colores tierra. El *collage* de la vida que deseaba tenía ilustraciones del mismo tipo de contenido, pero con una gama de colores muy distinta: colores atrevidos y vivos en tonos de rojo, púrpura, amarillo y naranja. Cuando se lo señalé, se quedó sin aliento. Ella no había sido capaz de descubrir la falta de osadía en su propia vida, porque había enterrado su musa interna. Pero al usar su propia forma de libre creatividad, este ejercicio se lo había demostrado sin hacer esfuerzo alguno.

138

*"De lo único que estoy seguro es del carácter
sagrado de los afectos del corazón
y de la verdad de la imaginación."*

John Keats

Atrévase a ser diferente

Muchos de nosotros creemos que la creatividad solo proviene de individuos que están predispuestos a ser artistas, músicos o inventores (o cualquier otra característica que nos hayan enseñado como aceptable bajo los criterios de la creatividad). Pero espero que este capítulo haya hecho añicos algunos de esos mitos que usted puede haber creído acerca de este proceso. Lo animo para que prosiga su propia jornada hacia una vida más creativa. Lea *Creatividad: El fluir y la psicología del descubrimiento y la invención* por Mihaly Csikszentmihalyi, donde recomienda que usted trate de sorprenderse a diario, que comience haciendo más de las cosas que ama y menos de las cosas que odia, y que descubra maneras de expresar las cosas que lo hacen avanzar.

139

Cada uno de nosotros debe poner su toque especial en las cosas. Hágalo con audacia y mucha alegría.

❀ ❀ ❀

TODO CON MESURA

"Una vida maravillosa requiere moderación."

C uando era niña, mi madre respondía a mis conductas traviesas diciéndome: "Eres una intensa." Desde ese momento he llegado a reconocer que esta descripción de la conducta puede ser tanto una bendición como una maldición.

Vivimos en una época de mucha abundancia, y sin embargo, muchas de nuestras mentes están vacías espiritualmente. Hubo una época en que nos conducíamos con más humildad y respeto porque no estábamos tan convencidos de que éramos el centro del universo. Luego llegó el tren de la Autoestima, y todo el mundo se subió a él. La idea era que si no teníamos un buen concepto de nosotros mismos, no tendríamos éxito ni podríamos realizarnos. No obstante, después de alimentar por cucharadas del elixir de la autoestima a unas cuantas generaciones de niños, vemos que en vez de llenarse de alegría y éxitos, sencillamente se llenaron de *ellos mismos.*

El 8 de octubre de 2002, en la revista *Time,* Andrew Sullivan describió este fenómeno:

> Nuevas investigaciones demuestran que la autoestima puede ser tan elevada entre malos estudiantes, conductores ebrios, y ex presidentes de Arkansas como entre laureados del premio Nobel, monjas y bomberos de Nueva York. De hecho, según investigaciones realizadas por Brad Bushman de la Universidad de Iowa y Roy Baumeister de la Universidad Case Western Reserve, las personas con mayor autoestima pueden involucrarse en muchas más conductas antisociales que las personas con baja autoestima. "Creo que nos sentíamos muy optimistas ante la idea de que la alta autoestima podría originar toda una serie de consecuencias positivas y que si elevábamos la autoestima, nos iría mejor en la vida", le dijo Baumiester al *New York Times.* "En la mayoría de los casos, esto no ha podido ser confirmado." En las encuestas, los resultados confirman que tanto racistas y pandilleros como bravucones, son poseedores de alta autoestima. Y es fácil ver por qué. Si usted se cree un regalo del cielo, se siente particularmente ofendido cuando otras personas lo tratan como si no lo fuera.

142

Hubo una época en que el esfuerzo era su propia recompensa. No ocurre así en la actualidad. No importa lo que ocurra, todo el mundo piensa que merece un premio. Los niños que pierden la pelota constantemente reciben los mismos aplausos que el equipo que hace las carreras. No digo que los niños deberían sentirse deficientes cuando no poseen el talento de ser los mejores, pero tampoco deberían engañarse y pensar que van a estar en el Salón de la Fama si no saben cómo sostener un bate.

Creo que somos *nosotros* a los que nos falta un tornillo al apoyar esta conducta. Lo que hace es suplir el mérito no corroborado por el desempeño. Reafirma la conducta narcisista y el sentido de que todo se es merecido, lo cual debería *disminuir* mientras los niños crecen en vez de *incrementar*.

143

Esta es probablemente la razón primordial por la cual todos hemos llegado al tipo de existencia en la que *"cuanto más mejor"*.

Palomitas de maíz, papas a la francesa y una Coca Cola

¿Ha ido al cine últimamente? ¿Podría alguien explicarme qué ocurrió con el tamaño de las porciones de meriendas? Si usted desea disfrutar de unas palomitas durante la película, le dan una caja del tamaño que puede alimentar una familia de siete personas. Parece uno de esos recipientes que yo solía usar para llevar al jardín y rastrillar las hojas secas.

Y la porción de Coca Cola podría ser una piscina para bebés. Un refresco grande en un cine es ahora un tanque de casi un litro de soda. ¡Casi un litro! Si me preguntan, ¡la única persona que debería tomar tal cantidad de líquido es la que está a punto de hacerse un sonograma!

144

La cultura del exceso

El tamaño de las meriendas del cine es solamente un pequeño símbolo de algo que se está convirtiendo en una epidemia en los Estados Unidos. Creemos que cuanto más, mejor en todo lo que hacemos, compramos, comemos y vemos. Llevamos todas las cosas a extremos, y ¿qué tanto bien puede hacerle esto a nuestro bienestar mental y físico?

No es un secreto que los estadounidenses comemos demasiado, sino que además comemos demasiado de las cosas indebidas. En nombre del cielo, ¿a quién se le ocurre hacer una "megaporción" de papas a la francesa? ¿Cuál *es* la idea? Consumimos porciones enormes de comida rápida y de comida chatarra, e incluso los que intentamos comer en moderación, tendemos a consumir demasiada proteína y grasa cuando se compara con lo que es común en otras culturas más sanas alrededor del mundo. Pero es que sencillamente no podemos dejar de hacerlo.

Hace poco leí que el estadounidense promedio come un refrigerio cada 45 minutos. Me reí a carcajadas cuando lo leí. O sea, ¿quién anda por ahí recopilando esa información? ¿Y cómo lo hacen? ¿Alguna vez se le ha acercado alguien mientras estaba comiendo papas fritas a preguntarle casualmente: "¿Qué tal? ¿A qué hora fue su última merienda?" La respuesta real debería ser: "Desde la última vez que reconocí que no recibo suficiente amor, abrazos, mimos ni comentarios amables." ¿No es esa acaso la razón por la cual nos atiborramos, porque nuestros corazones y nuestras almas no se sienten llenos?

No estoy intentando que alguien se sienta culpable, pero, ¿en verdad tenemos que comer cada 45 minutos? Nos hemos convertido en una nación de rumiantes, buscando el siguiente lugar en donde pastar.

En nuestra sociedad, el trabajo solía ser parte de nuestras vidas. Íbamos al trabajo, regresábamos a casa, y teníamos tiempo libre. Ya no es así. En estos tiempos, si no trabajamos 24 horas, 7 días a la semana, ¡nos dicen perezosos! Debemos estar disponibles en los celulares y por correo electrónico a todas horas, todos los días del año. De hecho, ¿por qué no mejor andamos por ahí con una de esas bolsas intravenosas a nuestro lado, y hacemos que el correo electrónico nos sea inyectado directamente en las venas?

¿Tiempo libre? ¿Quién tiene *eso* todavía? Nadie en los Estados Unidos, por lo que parece. El promedio de los días de vacaciones de los italianos es 47; alemanes, 36. El promedio de los estadounidenses es 11. Y cuando nos tomamos vacaciones, estas se convierten en otro trabajo. Cada minuto está lleno de actividades, y ahora una simple estadía en una playa del Caribe se convierte en una experiencia digna de *National Geographic*. Esto significa un viaje en helicóptero sobre un volcán activo, dejarnos sobre el borde del mismo a solo pan y agua, y venir a confirmar que no nos hemos convertido en pan tostado al cabo de cinco días.

Todos hemos escuchado el gracioso comentario atribuido a un ejecutivo de uno de los grandes estudios de Hollywood: "Si usted no viene a trabajar el sábado, ni siquiera se tome la pena de venir el domingo." Cuando se detiene uno a pensar en el impacto causado por la ansiedad y la presión en otras áreas de la vida familiar de un empleado, ¿le parece gracioso?

DI (Demasiada Información)

Tenemos que saber todo lo que está ocurriendo en el mundo. *Todo*. Y a toda hora. Veinticuatro horas al día, debemos tener acceso inmediato a cada átomo de información sobre lo que está ocurriendo, y debemos ser capaces de encontrarlo en veinte segundos o menos. No podemos apenas sintonizar el Canal del Golf para descubrir lo que está pasando en el mundo de ese deporte; eso no es suficiente. Dios nos libre de que nos sentemos simplemente a *escuchar* a los locutores deportivos y observemos el deporte. No, tenemos que ver los titulares que se deslizan en la parte inferior de la pantalla diciéndonos también todo lo *demás* que está pasando de lo cual él *no* está hablando.

> *"La mente, tal como el cuerpo,*
> *cae a menudo en un estado incongruente y espinilloso*
> *causado por el mero exceso de comodidad."*
> Charles Dickens

No es suficiente ir al cine y que nos guste o disguste la película. Tenemos que conocer la posición de la película ese fin de semana y si decayó su asistencia o no en la semana anterior. Debemos saber cuánto costó su realización, si el director se sobrepasó en su presupuesto, (y si así es, por cuánto), y cuánto tiempo se va a tomar el estudio de grabación en recuperar su inversión, incluyendo la distribución internacional. Queremos saber todos los chismes de los artistas detrás de las cámaras, dónde y qué comen, cómo hacen para mantenerse tan delgados, a qué salón de belleza acuden, de cuál diseñador de modas se visten, qué libros leen, a cuál iglesia asisten, cuáles son sus opiniones políticas, con quién duermen, y qué hacen cuando están con esa persona en la cama.

Y hablando de cama... ¿recuerda cuando el sexo era un tema bastante sencillo? Usted tenía ciertas partes del cuerpo y sabía más o menos qué hacer con ellas. Si no sabía, lo deducía con bastante rapidez. De hecho, llegar a nuestras propias conclusiones, ¿no era una de las partes más divertidas?

En estos días, hasta la revista más apestosa del quiosco de periódicos está llena de artículos ¡sobre técnicas sexuales! No solamente eso, sino que además existen toneladas de libros en el mercado sobre cómo tener relaciones sexuales alucinantes, sexo fascinante, sexo que desafía a la muerte, y sexo a toda máquina. Tenemos manuales de instrucciones sobre cómo tener orgasmos múltiples, orgasmos de una hora de duración, y orgasmos que duren hasta que llegue su próximo cumpleaños y apague las velas del pastel. De hecho, he visto vibradores que se parecen a una motocicleta Harley con carros laterales.

> *"Haz todas las cosas de la forma más simple*
> *posible, pero no más simples."*
> Albert Einstein

Salir a cenar solía ser una experiencia sencilla. Pero en estos días muchos restaurantes se presentan como un evento escénico. El mesero ingresa ostentosamente desde el escenario anunciando: "Buenas noches. Mi nombre es Rasputín y hoy seré su mesero."

No puedo evitar responder: "Mi nombre es Loretta, y soy su comensal." Mi respuesta activa una mirada pétrea puesto que he intentado proferir un poco de levedad en lo que parece un drama épico muy serio.

Rasputín comienza entonces su diálogo: "Además del menú, tenemos los especiales del día de los cuales me gustaría hablarles. Esta noche tenemos lechugas lavadas a mano en la rivera del Río Yangtze, recolectadas por cien brujas de la Ciudad Prohibida y traídas hasta acá en el avión privado de Bill Gates. Están recubiertas de trozos de yac salvaje, el cual fue alimentado a mano por un culto de monjes que adoran al yak y que creen que éste fue responsable del Big Bang. Para completar el plato, lo salpicamos de arroz especial, cada grano del cual ha sido individualmente pulido por una tropa ambulante de nómadas del desierto. El postre es un montículo de higos encontrados en la tumba del Rey Tutankamón, y cada higo contiene un secreto especial del universo solo para usted. ¿Tienen alguna pregunta relacionada con los especiales del día?"

En esos momentos, me muero por gritar: "¡Sí, sí! ¿Dónde están las salchichas con frijoles?"

¿Hemos perdido por completo la razón? ¿Cómo es posible que podamos llevar una vida alegre y festiva cuando todo lo que está a nuestro alrededor está en desequilibrio? ¿Cómo podemos encontrar paz y serenidad en nuestras vidas cuando nos asaltan con una sobrecarga de datos y excesos a todo momento?

150

He visto a muchas personas en mis talleres que han perdido la visión de las cosas que llevan en sus corazones porque se han vuelto anónimas de alguna manera. Se sienten perdidos en medio de la confusión de sus vidas. Sus días pasan corriendo, sirviendo de choferes a sus hijos para sus múltiples actividades. Las comidas se consumen rápidamente, y el tiempo familiar transcurre a menudo con cada miembro de la familia haciendo sus propias cosas.

Compramos cosas hasta más no poder, acumulamos las cosas para rodearnos de ellas hasta que ellas llegan a consumirnos en vez de ser lo contrario. Mi amiga Myra dice que debemos llegar a vivir más que nuestras cosas, y no que nuestras cosas vivan más que nosotros. ¿Cuántos de nosotros nos hemos sentado con lapicero en mano para hacer una *lista* de todas las cosas que poseemos? La mayoría de nosotros esperamos hasta el momento de hacer nuestros testamentos, pero creo que pensar en eso con alguna frecuencia podría ayudarnos a comprender lo desmedidos que somos. Por ejemplo, hace poco fui a mi armario a buscar un par de pantalones negros con una blusa negra... y me di cuenta de que ¡tengo suficiente ropa negra como para ser el próximo Zorro!

151

Todos queremos la buena vida

Todos aspiramos a tener una buena vida. Nadie se despierta y dice: "Por favor Señor, me muero por vivir en un hotel sin luz ni agua." Todos queremos tener una casa agradable en un barrio decente, un auto confiable y la mejor educación para nuestros hijos. En verdad no creo que *queramos* ser compradores inconscientes, y sin embargo cada día es más difícil resistir la seducción que nos rodea. Hay anuncios por todas partes, ¿quién hubiera creído que antes de ver una película uno tendría que aguantarse por lo menos cinco comerciales? Y mientras usted está inocentemente tratando de ver un partido de tennis, le colocan convenientemente pantallas con anuncios de zapatos, programas de televisión y páginas de Internet.

A los niños se les dice una y otra vez que pidan lo último de lo último de lo más maravilloso, y se convierte en una prueba de voluntad para los padres. Es difícil decirles que no cuando los otros niños lo tienen. Pero en ese momento es cuando la moderación entra en juego. Si usted no les dice que no, ¿cuándo lo hará? Darse por vencido tan solo porque los demás niños fueron capaces de torturar a sus padres hasta que dijeron que sí, no es suficiente. Quizá es el momento de reunir a su familia y pasar unas pocas horas discutiendo sus valores..., y la moderación debe ser uno de ellos. Las corporaciones pasan horas escribiendo los estatutos de su misión; nosotros como individuos y familias, también los necesitamos.

152

BAJE EL VOLUMEN

La vida en estos días es endemoniadamente *ruidosa*. ¿En verdad necesitamos el sonido de un avión 747 despegando sobre nuestras cabezas recreado en perfecto detalle cuando vamos al cine?

Los restaurantes son escandalosamente ruidosos. Los dueños andan gritando, los músicos no paran de tocar, y usted debe gritarle al mesero para pedirle lo que desea: "Por favor, para mí la sopa de pollo." "¿Perdón? ¿Cómo desea el repollo?"

¿Qué piensan los chicos que andan en autos con las ventanas cerradas, con el volumen a todo dar haciendo que hasta las calles vibren? La respuesta es...: no están pensando. Han perdido la razón, y muy pronto perderán también el oído. Me parece un precio muy caro a pagar por el ruido excesivo.

Los estudios han demostrado que el ruido alto crea tensión en el cerebro; mantiene el cerebro constantemente ocupado y distraído, y hace que sea más difícil pensar y concentrarse. El cerebro está más concentrado y es más creativo en un lugar callado, porque no está constantemente reaccionando a los estímulos externos.

Dé una caminata en silencio, o siéntese en algún lugar tranquilo y pacífico a leer. Tome un poco de su tiempo para dejar que su mente sienta el estado natural de la paz ininterrumpida.

Es crucial aprender moderación, pero es una de las cosas más difíciles de manejar, ¿no es cierto? Es un acto de equilibrio precario. ¿Cómo les enseñan a los acróbatas a permanecer en la cuerda floja? No es posible enseñarles, ellos tienen que subirse en ella y sentir el equilibrio por ellos mismos.

Me gustan los extremos de la vida, especialmente aquellos que me permiten llegar tras los límites de mis zonas de comodidad. Cada vez que tengo que enseñar algo nuevo, me siento ansiosa por hacerlo, pero también me emociona la posibilidad de convertirme en la mujer "intensa" que mi madre solía llamarme. Sin embargo, me doy cuenta que tengo que poner mucha atención hasta dónde llego cuando me extralimito. Es descomedido consumir seis grandes comidas al día, pero tampoco es razonable pensar que la única manera de obtener salud, paz y armonía es comer solamente brotes de frijol cultivados en una granja orgánica en Canadá.

Debemos confiar en nuestra intuición. Todos tenemos una sabiduría interior que nos dice la verdad. Cuando nos sobrepasamos en comida, alcohol, sexo o incluso viendo programas demasiado violentos, el cuerpo, la mente y el espíritu comienzan a darnos señales. Comenzamos a sentir una desagradable separación entre nuestros amigos y seres queridos y nosotros mismos.

Piense en lo que se está esforzando por conseguir y si eso está en sintonía con su sistema de valores. Cuando usted no honra lo que es y lo que piensa, comienza a actuar como un hipócrita. ¿Es el sexo una forma de intimidad y diversión para usted y su pareja, o se está afanando por hacer lo que la revista *Cosmopolitan* le dice que es lo máximo? ¿Trabaja mucho porque desea llevar una buena vida, o está tratando de lograr más que sus vecinos?

No se sobrepase, pero tampoco se niegue las cosas. No es saludable comer kilos de lasaña diarios, pero es tan poco saludable como desear algo y negarse el placer de consumirlo. Una de mis frases favoritas es: *"¡Come un poco de lasaña y cállate!"* ¿Qué tipo de vida puede llevar si siempre está negándose las cosas que ama? No se obsesione en ninguna dirección.

155

Encontrar el equilibrio correcto puede ser una jornada de toda la vida, pero una que es preciso tomar. Cada vez que se pregunte si está en equilibrio, se está dando la oportunidad de hacer una pausa y reflexionar. Esto le permite tomar conciencia sobre sus decisiones en vez de seguir ciegamente el rebaño al abismo.

A fin de cuentas, será capaz de celebrar su vida con más frecuencia, porque le habrá dicho a su niño de dos años interno: "No, no puedes tenerlo. Ya tuviste demasiado."

❋ ❋ ❋

8

LLEGUE A TIEMPO

"Una vida maravillosa requiere responsabilidad."

H ace unos quince años John, mi hijo mayor, inició una empresa de paisajismo. Hablábamos sobre esta nueva aventura y él estaba tratando de ingeniar un lema llamativo para escribirlo como publicidad en la parte de afuera de su camión. Pensó en varias palabras y juegos de palabras referentes a jardines y cosas por el estilo.

Luego le sugerí: "¿Qué te parece '¡Yo llego a tiempo!'?" Todo comenzó como un chiste porque en mi caso personal, me parece increíblemente frustrante cuando tengo una cita con algún tipo de compañía de servicio y me hacen esperar, algunas veces por horas, y en otras ocasiones no llegan nunca. ¿Qué tenía de malo decirle a todo el mundo: "Yo llego a tiempo"? Es como decir: "¡Usted puede contar conmigo! Soy confiable."

Y así fue, colocó esa frase al lado de su camión, en grandes letras gruesas. Su negocio es bastante exitoso hoy en día.

¿No le gustaría que todo el mundo en su vida viniera con un lema alrededor del cuello que dijera lo mismo?

"Ochenta por ciento del éxito [en la vida] consiste en llegar a tiempo."
Woody Allen

158

En nuestra búsqueda de una vida llena de alegría y celebración, es sencillamente vital ser responsable y confiable para las personas que nos rodean. No estamos solos en esto, y, sin embargo, cada vez tendemos más y más a actuar como si fuéramos el único capitán de esta nave, el dueño y el único pasajero. Con frecuencia no llegamos a tiempo, de hecho, hacemos un gran esfuerzo por demostrar que estamos demasiado ocupados para llegar a tiempo.

Nuestra sociedad está cada vez más llena de promesas rotas, ¿no es así? O sea, ¿quién tiene ahora el tiempo para cumplir promesas? Además, estamos tan distraídos y estresados que nunca sabemos día a día cómo va a ser nuestra programación y qué tan llena va a estar nuestra lista de tareas, y entonces corremos por todas partes como si fuéramos víctimas de nuestros propios itinerarios. ¡Oye! No es mi culpa si no puedo llevar a los chicos al cine el sábado, ellos entenderán.

Les decimos a nuestras esposas que estaremos en casa a la hora de la cena, pero en el último minuto, llega esa llamada importante y no podemos aplazarla. O le decimos a un cliente que no importa lo que pase, tendrá el informe sobre su escritorio el lunes... aunque estamos seguros de que no podremos hacerlo hasta el miércoles.

Incluso las promesas más importantes de nuestra sociedad pueden ser rotas. Los matrimonios que prometen "hasta que la muerte nos separe," terminan en divorcio antes de dos años. Las familias se separan y niños de tres años a quienes se les había hecho la promesa de que "jamás te dejaré," de repente se encuentran viviendo a 300 kilómetros de sus padres o madres. Los anuncios de publicidad nos hacen promesas cada minuto del día, y sabemos lo confiables que esas promesas son... Y los políticos, de quienes solíamos creer que pondrían sus vidas al frente de la batalla para proteger el estilo de vida de los Estados Unidos, ahora responden a las encuestas de popularidad, cambian de opinión, y abandonan sus promesas con toda facilidad.

Nuestra sociedad ya no honra la *confiabilidad*. Incluso esa palabra parece arcaica, ¿no le parece? Pero, ¿qué es más importante en el mundo para una relación

159

feliz y alegre que la confiabilidad? Creo que saber que alguien simplemente "estará ahí" es probablemente el aspecto más importante de cualquier conexión real cercana. ¿Qué bien puede haber en una relación con personas maravillosas, simpáticas, hermosas y vibrantes, si no van a estar ahí cuando uno las necesita?

"Estar ahí": llegar a tiempo, suena muy sencillo, pero piense en todas las formas en que puede dificultarse lo que parece tan fácil:

160

❊ ¿Con qué frecuencia cancela citas con las personas que ama?

❊ ¿Con qué frecuencia dice que va a terminar algo y se toma uno o dos días más?

❊ ¿Con qué frecuencia llega más de cinco minutos tarde a una cita?

❊ ¿Con qué frecuencia hace promesas que sabe que no podrá cumplir?

La mayoría de nosotros nos retractamos ante este tipo de compromisos y pactos a diario. No es que tratemos de ser poco confiables, es más, es muy probable que lleguemos a tiempo a las cosas "importantes". Pero debemos permanecer conscientes del hecho de que cada vez que nos retractamos de nuestras promesas, estamos socavando las bases de una buena relación.

La conexión humana profunda surge de la confianza y la fiabilidad. Cuando uno desilusiona a las personas, incluso en lo que parecen detalles, uno rompe el sello de la amistad.

Recuerdo de nuevo la historia de Michael, el taxista, sobre cómo, cuando tenía seis años, su padre le prometió que lo llevaría a ver un juego de los Patriotas, y nunca lo hizo. Esa promesa rota dejó profundas huellas en la vida de Michael.

Debemos tener extremo cuidado en cumplir nuestras promesas.

161

¡RSVP!

Siempre me quedo totalmente sorprendida al ver cuántas personas ni siquiera se toman la cortesía de responder cuando los *invitan* a asistir a alguna parte. ¿Con qué frecuencia, en particular en los negocios, no regresamos las llamadas o las invitaciones con solicitud de RSVP? Piense en la señal que esto envía: "No solamente no voy a hacer lo que tú quieres que yo haga, ni siquiera pienso que eres digno del tiempo que me tomaría responderte. No me importa si esperas para siempre, preguntándote si llegaré o no."

Es la expresión máxima del narcisismo, ¿o no? Es ofensivo, causa segregación y le hace daño a los demás. Pero es algo totalmente común hoy en día.

Las buenas costumbres se desarrollaron como una manera de que las personas se demuestren mutuamente que han asumido responsabilidad y fiabilidad por su papel en la comunidad, que han aceptado las reglas por las cuales se rige nuestra cultura.

162

Me acabo de enterar de un libro que está lleno de notas de gratitud para que las personas las copien y las envíen. En caso de que sea demasiado difícil para usted usar sus propias palabras para agradecerle a alguien un regalo o un detalle agradable, puede plagiar un mensaje de ese libro. ¡Un verdadero ahorro de tiempo!

¿No les parece ridículo? ¿Cuánto tiempo le tomaría dar las gracias con sus propias palabras? Pero, aún más importante, ¿cuál es el punto de un detalle personal si es totalmente *im*personal? Es imposible que la persona que lo recibe sienta que es un acto sincero y honesto, ¿cómo es posible que un sentimiento prefabricado provoque emoción real? ¿Y qué tipo de mensaje psicológico está enviando la persona que lo transmite?

Dejar esperando a los demás

Hay algo terriblemente arrogante en el hecho de llegar tarde, ¿no es cierto? Esta es la señal que le enviamos a la otra persona: "Tu tiempo no es tan importante como el mío," y "tengo el poder de hacerte esperar, y pienso usarlo."

Todo el mundo tiene que sufrir la indignidad de esperar a alguien en alguna ocasión. Pero, ¿de verdad nos enfocamos en lo indigno que es ese acto, y la manera en que mantener a alguien esperando repetidamente puede arruinar una relación sólida?

163

¿Por qué es tan difícil para nosotros demostrarle a las personas que son importantes para nosotros llegando a la hora que decimos que vamos a llegar? Nos las arreglamos con nuestro tiempo de tal forma que dejamos apenas el tiempo mínimo para llegar de un lugar a otro, y en consecuencia, estamos estancados intentando no romper nuestras promesas cuando hay una demora de cinco minutos en el tráfico.

Mi consejo es: respete a los demás programando su tiempo para asegurarse de llegar a la hora convenida.

¡SEA FLEXIBLE CON SU TIEMPO!

¿Por qué es que nunca dejamos espacio en nuestros organizadores para "tiempo libre," "tiempo con la familia" o "tiempo de emergencia con la pareja"? Nos sentimos cómodos comprometiendo cada momento de nuestras vidas, y luego nos estancamos. Pienso que cada día debería tener un espacio de tiempo extra para que uno pueda ocuparse de las personas que debe hacerlo, y tener la flexibilidad de mantener sus promesas.

164

¡Pretenda que es cierto hasta que lo sea!

Una vez más, la ciencia ha descubierto algo que el sentido común nos ha venido diciendo hace años: cuando actuamos como si algo fuera cierto, emocionalmente comienza a convertirse en realidad. Las investigaciones recientes han determinado que si forzamos una sonrisa durante el tiempo suficiente, terminaremos animados y alegres. Si nos forzamos a caminar a grandes pasos, balanceando los brazos y con la cabeza en alto con una gran sonrisa en nuestro rostro, nos sentiremos más poderosos y estimulados con la vida que si avanzamos lentamente, arrastrando los pies, con los brazos colgados como un gorila, y mirando al piso.

En otras palabras, *creando* el movimiento que *activa* la emoción.

¿No tiene todo el sentido del mundo? Todos sabemos que cuando no nos sentimos bien, si cancelamos nuestros planes y nos quedamos en la casa regodéandonos en nuestra miseria, nos sentimos peor. Si logramos forzarnos a salir de nuestra miseria y nos vestimos y vamos a la fiesta de todas maneras, puede ser que al principio nos sintamos un poco extraños, pero al poco tiempo, nos involucramos en una conversación, nos divertimos... y olvidamos por completo lo mal que nos sentíamos. Comenzamos fingiendo la emoción, y antes de que haya pasado mucho tiempo, la emoción se convierte en real.

165

> *"El secreto del éxito es la sinceridad. Una vez que uno logra fingirla, ya está hecho."*
> Jean Giraudoux

No puedo decirles cuántas veces antes de una de mis presentaciones, me siento y pienso: *¡Oh, Dios mío, hoy no!* Oiga, soy un ser humano, no siempre me siento de maravilla, alegre y saltarina como Mary Poppins. Algunas veces, no estoy en ánimo de ser graciosa, pero como me pagan por serlo, y no lograría llegar muy lejos en mi carrera si saliera al escenario y comenzara a agredir al público como si fuera un cocodrilo, tengo que fingir. Hago lo que sea para animarme, y me esfuerzo por comenzar. Y a menos que tenga fiebre de cuarenta, termino divirtiéndome y sintiéndome yo misma en pocos minutos.

LA VÍA DE ACCESO MÁS RÁPIDA AL CAMBIO DE HUMOR

166

Cuando estoy de malhumor y siento que no soy capaz de salir al escenario y hacer lo que tengo que hacer, la música me entusiasma. Pongo mi disco compacto de Robert Palmer cantando "*Simply Irresistible*" y me imagino la escena del musical *Contact* en dónde se usó esa canción. Es un acto increíblemente sexy y provocativo de una joven hermosa con un vestido amarillo que baila con todos los hombres del lugar y todos ellos intentan impresionarla con sus mejores pasos. La combinación de la visualización y la música me hace sentir verdaderamente bien, ayuda a que la sangre llegue a mi cerebro y éste se active antes de una aparición en público.

¿Qué lo anima y lo hace dejar el mal-
humor? ¿Música? ¿Arte? ¿Poesía? ¿Sexo?
¿Comedia? ¿Deportes? ¿Mascotas? ¿Niños?
Piénselo.

Actúe como si...

Cada vez que comienza algo nuevo, usted pretende
saber lo que hace, ¿verdad? Pero cuando la enfermera
puso su primer bebé en sus brazos en el hospital,
¿se sintió de repente impregnada con todo el cono-
cimiento de lo que era ser madre? De igual manera,
cuando comenzó un nuevo trabajo, ¿la ascendieron
de inmediato a supervisora? Por supuesto que no.
Durante mucho tiempo, usted simplemente actuó su
papel pretendiendo que sabía lo que estaba haciendo.
Hizo lo mejor que pudo, y poco a poco empezó a
sentirse cómoda con su nuevo papel en la vida. Pasar
por esos movimientos cambia su psicología y la ayuda
a sentirse más y más cómoda. Por eso digo: pretenda
que es cierto hasta que lo sea. Usted llega a tiempo,
hace lo mejor que puede, asume responsabilidad y el
resto sigue su curso...

Las mismas técnicas pueden ser aplicadas para
ayudarlo a mejorar su ánimo, atraer más alegría en su

167

vida, y ayudarlo a ¡usar sus pantalones de fiesta todos los días!

Por ejemplo, si no se siente feliz, finja que lo está y vea hasta dónde esto lo lleva. Coloque una sonrisa en su rostro, camine con su cabeza en alto, y esfuércese por usar el lenguaje corporal que simula entusiasmo y emoción. Si tiene que hacerlo, dé brincos, haga piruetas, o baile hasta que salga del hoyo...; haga lo necesario para sacar su cuerpo del agujero y llevarlo a un lugar en donde sienta el buen humor. Descubrirá que antes de lo que se imagine, ¡comenzará a sentir que de veras está divirtiéndose!

168

Suponga que lo han invitado a una fiesta pero está comenzando a sentirse mal. No quiere más que meterse en la cama al frente de la televisión con un pedazo de pizza. Lo último que desea en el mundo es salir y hablar con la gente. Quizá lo que hace por lo general es no asistir, o asiste pero con una actitud que es evidente para todo el mundo que lo que deseaba era quedarse en casa. No habla con nadie, se sienta con una bebida contemplando el vacío a través de la ventana, o encuentra alguna forma de permanecer al margen de la fiesta.

Pero en esta ocasión, ¿por qué no intenta forzarse a actuar como si fuera una de esas personas que disfruta de las fiestas? Piense que es una obra de Broadway y que usted es el protagonista: "¡Esta noche! En nuestro escenario por primera vez, actuando en el papel de una persona que disfruta ir a fiestas..."

¿Qué haría una persona que disfruta de las fiestas? ¿Cómo se comportaría? ¿Cuál sería su lenguaje corporal? ¿Qué sostendría en sus manos?¿Cómo se vería su rostro? ¿Sonreiría? ¿Miraría a los ojos a las demás personas, o miraría hacia otro lado? ¿Sería la primera persona en hablar? ¿Qué diría?

Si se prepara para esta noche de la forma en que un actor se prepara para su rol, en poco tiempo comenzará a sentirse mucho más cómodo en su papel. Para algunas personas, esto puede ocurrir de manera inmediata; para otros, podría tomarles varios intentos. Pero actuar una y otra vez lo hará sentirse mucho más cómodo, y lo ayudará a convencerse de que puede actuar de manera magistral. ¡Podría incluso llegar a divertirse en el proceso!

169

MÍREME A LOS OJOS...

Los investigadores han demostrado que cuando vemos a los ojos de otra persona, tendemos a sentirnos agradados por esa persona, *tengamos o no razones para hacerlo*. Entonces, ¿por qué no miramos a los ojos de todo el mundo todo el tiempo?

Puede usar esta técnica para ayudarlo a sentirse mejor en cualquier aspecto de su vida. Si usted es tímido, enfrente las situaciones pretendiendo que es una persona osada. Si es una persona amargada, enfréntese a las situaciones pretendiendo que es una persona agradecida. Si es una persona triste, pretenda que es feliz; si está enojado, pretenda que es un ser amoroso. Parece simple, y de hecho, ¡lo es! Es la cosa más fácil del mundo. Al igual que todo en la vida, se toma un poco de tiempo y esfuerzo llegar a hacerlo con maestría. Pero cuanto más lo finja, más creará un patrón en su mente que le dirá que cualquier cosa que desee es factible.

170

¿Qué valor tiene hacer esto?

Para muchos de nosotros, no llegar a tiempo significa que estamos enviando una señal de que necesitamos ayuda; nos estamos ahogando y no podemos conectarnos con los demás seres. Puede ser un clamor por ayuda... pero no es efectivo, ¿o lo es? Al no llegar a tiempo, nos retiramos de la comunidad de los seres humanos y hacemos casi imposible que alguien logre construir un puente. Nadie puede ayudarnos si nadie sabe en dónde estamos. No importa la excusa por no llegar a tiempo, el efecto es que nos aislamos, y los demás se sienten desairados.

Llegar a tiempo, ya sea por los demás o por nosotros mismos, significa asumir responsabilidad como habitantes de este planeta. Significa sentirnos confiables por nuestras acciones y tener la fortaleza de permitir que otras personas dependan de nosotros. Significa ser un poco menos narcisistas y un poco más generosos.

Vivir según los valores de lo que esperamos de los demás, y según lo que los miembros de nuestras familias y nuestros amigos esperan de nosotros, nos lleva a un nivel más elevado de existencia. Nunca nos sentimos a la defensiva, y no nos sentimos culpables por el desánimo personal o ajeno. Incluso, si en una situación dada, no logramos nada de lo que esperábamos, saber que llegamos a tiempo y que tratamos de que todo saliera lo mejor posible, nos hace sentir bien respecto a nosotros mismos. Sentimos que podemos mantener nuestras cabezas en alto y que merecemos un lugar en la comunidad que nos rodea.

171

Es un hecho comprobado que las personas que asisten a grupos de apoyo, desde Alcohólicos Anónimos a los Clubes de Adelgazamiento, tienen muchas más oportunidades de éxito si asisten con regularidad, sin importar lo cuidadosamente que sigan las reglas del programa. El simple acto de llegar a tiempo incrementa el poder psicológico del programa.

¿Hay asuntos en las personas importantes en su vida que ha estado tratando de evitar? ¿Ha estado evadiendo responsabilidad o evitando darse cuenta de algo o de alguien? No se imponga expectativas demasiado elevadas: no tiene que enmendar relaciones en el primer intento o terminar un proyecto que ha estado posponiendo por seis meses. Observe lo que sucede. Asuma responsabilidad pero sin tratar de controlar todo. Las cosas podrían comenzar a resolverse por sí solas muy pronto.

❊ ❊ ❊

9

PERO, ¿CUÁL ES EL SIGNIFICADO DE TODO ESTO?

"Una vida maravillosa requiere un propósito."

En el verano de 2001, pasé una semana en el Instituto Chautauqua cerca de Buffalo, Nueva York, y di una charla a un grupo de más de seis mil personas. Ya había dado charlas ahí antes y había quedado encantada, e incluso me sentía inspirada por el concepto de un lugar en donde los asistentes se reúnen para aprender y vivir en comunidad durante todo un verano, con el fin de encontrar el propósito de sus vidas. Pasar tanto tiempo con personas que están en la búsqueda de aprendizaje y de propósito, me hizo recordar lo importante que es para cada uno de nosotros encontrar la razón verdadera de nuestra presencia aquí en este plano. Esa experiencia terminó siendo uno de los momentos cumbres de mi carrera.

Estaba ansiosa de comenzar mi programación del otoño, la cual estaba llena de maravillosos compromisos a lo largo de todo el país; sin embargo, durante la semana del 11 de septiembre solamente tenía uno. Y así es que en ese día fatal, yo andaba por mi casa haciendo mis labores acostumbradas, cuando mi esposo me llamó horrorizado para que viera lo que estaba ocurriendo.

Cómo cambia la vida rápidamente. Solo Dios sabe cuántos de nosotros pasamos de sentir seguridad y confianza durante nuestras experiencias diarias a sentir terror y tristeza. De alguna manera, la tragedia nos había ocurrido a todos.

174

De igual forma, he encontrado miles de personas que han pasado por quimioterapia; o que han perdido a sus hijos o a sus parejas, sus casas o su seguridad económica. Han compartido sus historias y sus penas conmigo, siempre expresándome su gratitud cuando les obsequio una o dos horas de risas como una pausa en su sufrimiento. Y muchos de estos individuos me han dicho que ese tiempo que pasamos juntos los ha ayudado a encontrar más sentido a sus vidas. Cuando me agradecen lo que hago por ellos, les digo: "No, no me agradezcas. Soy *yo* quien agradece por enseñarme cómo sobrevivir con fortaleza, coraje y la habilidad de reír a pesar de la tragedia."

¡Qué mensajes tan poderosos recibo de ellos! Intento pensar en ellos cuando me doy cuenta que estoy haciendo de una pequeña irritación (tal como un retraso de un avión) una gran catástrofe. Estas personas han aprendido de alguna manera a replantear y a interpretar de nuevo lo que les ha sucedido con el fin de descubrir *más* de una razón para vivir, no menos. Por medio de una determinación interna a toda prueba, ellos han desarrollado la fortaleza necesaria para seguir buscando un propósito, incluso cuando las cosas lucen sin consuelo. Su habilidad para llegar a un punto de revitalización y esperanza, es algo que debería inspirarnos a cada uno de nosotros. A fin de cuentas, es la única manera de llevar nuestras vidas de una forma significativa.

Una vez más, me gustaría mencionar *El hombre en busca de sentido,* puesto que en este libro, el doctor Frankl nos pide que respondamos a esta pregunta esencial: "¿Podemos decirle sí a la vida a pesar de todo?"

Su pregunta presupone que la vida tiene un propósito *en cualquier* condición, incluso la más miserable de todas. Y, además, reconoce la capacidad humana de cambiar creativamente los aspectos negativos de la vida, hacia algo positivo y constructivo.

175

Frankl va aún más lejos ofreciendo su tríada de optimismo trágico:

1. Tornar el sufrimiento en un logro y una realización
2. Obtener como resultado de la culpa la oportunidad de cambiar para bien
3. Obtener, como resultado de la naturaleza transitoria de la vida, un incentivo para tomar acción responsable.

176

Es nuestra decisión tratar de llevar nuestras vidas con mayor significado, no solamente para poder decirle sí a la vida, sino también para honrar a aquellos de nosotros que ya no están aquí.

"Esta es la verdadera alegría de la vida, el ser usado por un propósito reconocido por sí mismo como poderoso; el ser totalmente desgastado antes de ser lanzado al basural; el ser una fuerza de la Naturaleza en vez de un manojo egoísta de dolores y penas quejándose de que el mundo no se ha dedicado a hacerlo feliz."

George Bernard Shaw

Una visión global

Creo que supe mi verdadero propósito desde que era una niña pequeña. Me encantaba hacer reír a las personas y hacerlas sentir bien, y me fascinaba hacer cosas por los seres menos afortunados que yo. Estoy segura que esto último fue producto de mi entrenamiento en la escuela católica con Las Hermanas de los Problemas Mentales Perpetuos (sin ofender a nadie puesto que en verdad yo amaba a las monjas), en donde el estudio del altruismo fue siempre parte integral del programa de estudios. El sendero hacia la santidad era considerado un noble propósito, y muchas de mis compañeras y yo lo idealizábamos (Es fácil dejarse llevar cuando uno es joven e inocente...) Abandoné mi deseo de ser canonizada, pero mantuve un deseo sano de ayudar a los demás.

Mi infancia me permitió ser yo misma hasta que mis padres se divorciaron cuando yo tenía siete años, y mi padre dejó de ser partícipe en mi vida. Después, incluso cuando lo veía, apenas si me hablaba. Recuerdo que nunca me llamaba por mi nombre, me decía "niña": "¿Qué edad tienes ahora niña?"

Durante algunos años después del divorcio, mi madre y yo vivimos en Brooklyn con mis abuelos, lo cual me parecía encantador. Ellos eran divertidos, todo el día entraban y salían los vecinos a su casa,

177

vivían en una manzana en donde había muchos niños y mi abuela era una excelente cocinera.

Luego nos mudamos a Long Island, y mi vida se derrumbó. Mi madre se casó de nuevo, y mi padrastro era una individuo muy callado, hasta que algo lo molestaba, punto en el cual estallaba en ira como un maniático. También pasaba mucho tiempo desempleado lo cual creaba ansiedad en mi madre. Ella asumió la responsabilidad de mantener económicamente a la familia, tal como decía: "mecanografiando hasta que se me saliera el cerebro." Al ser su única hija, pronto me convertí en su única razón de ser. Su infelicidad en el segundo matrimonio hizo que cada vez quisiera más y más para mí y para mi futuro, y eso hizo que se convirtiera en casi una agente de la CIA. No importaba lo que yo hiciera y con quién, ella lo investigaba. Miraba en mis cajones, leía mis cartas *y* mi diario (escondido bajo mi colchón). Como consecuencia, no había fronteras en mi vida, no había un lugar en donde pudiera sentirme yo misma.

178

Mi madre también me criticaba en extremo, siempre deseaba que fuera perfecta. Ahora comprendo que hacía lo mejor que podía, pero mi mente de niña no podía comprenderlo, y entonces comencé a sufrir ataques de pánico. Me levantaba en medio de la noche con palpitaciones, sin saber en dónde estaba. Solo sabía que estaba aterrorizada.

"No existe un propósito en la vida excepto aquel que el hombre le otorga a su vida al desarrollar sus poderes."

Erich Fromm

La manera como yo iba por la vida era usando los talentos que me habían sido concedidos: mi sentido del humor, mis chifladuras, mi sentido de conexión con las personas y mi habilidad de ver el dolor y el sufrimiento en los demás porque yo me veía en ellos. Algunas veces cantaba, algunas veces bailaba, entonces las personas me miraban y sonreían, y eso me hacía sentir bien. Contaba chistes y las personas reían y querían estar a mi lado. Ese sentimiento de sentirme ocupada y apreciada me salvó la vida. ¡Me fascina divertir a las personas!

179

Recuerdo cuando tenía unos seis años, me llevaron al Radio City Music Hall, el cual, usted sabe probablemente, es un palacio de espectáculos gigantesco y una sala de cine en la ciudad de Nueva York. Ese día vimos la película de Disney *Dumbo*. Cuando la película terminó y todos los niños comenzaron a salir corriendo del teatro, yo me sentía miserable de que esa experiencia gloriosa se hubiera terminado. Entonces corrí al frente del teatro, ante probablemente unas dos mil personas, y comencé a gritarle a la pantalla: "Dumbo, Dumbo, ¡llévame contigo! ¡Llévame contigo!" Y todas las personas comenzaron a reír, lo cual era exactamente lo que yo quería que ocurriera.

Me sentía maravillosamente bien.

Cuando miro mi vida hacia atrás, queda claro que los momentos que en verdad me apasionaban, que me hacían sentir muy poderosa e importante, y muy conectada con otras personas, tenían que ver con actuar, hacer reír y estar alegre. Ahí radicaba el significado de mi vida. Cuando una presentación realmente "funciona", cuando me dejo llevar por la energía de una presentación, la audiencia responde, y me siento creativa, me siento más viva. Y cuando las personas dicen: "Me ayudaste a cambiar mi vida," me siento fascinada ante la idea de haber sido capaz de cambiar sus perspectivas.

180

Pero no siempre fueron las cosas así de aparentes. Durante mucho tiempo, mi habilidad de hacer reír a las personas y de ver lo absurdo en lo mundano, parecía simplemente como otro aspecto de mi personalidad. Al hacerme mayor, estaba claro que ese era mi propósito, y que era la manera de encontrarle significado a mi vida y al mundo que me rodeaba. Poco a poco, comencé a tomar decisiones que honraban ese descubrimiento, y me encontré encaminada en una carrera y en un estilo de vida que se modelaba alrededor de las cosas que me parecían más importantes, y entonces el éxito que llegó a continuación, tanto en lo económico como en lo espiritual, cambió mi vida.

¿En dónde yace entonces el propósito de *su* vida?

Diseñe el mapa de su vida

Ahora veremos un ejercicio que he visto usar con enorme éxito en sus talleres a mi querida amiga y colega, la doctora Ann Webster del Instituto Médico de Mente/Cuerpo.

Tome una hoja enorme de papel, si es posible de tamaño póster, y una caja de marcadores o crayolas. Comience en un extremo de la hoja, dibuje un mapa del camino de su vida, con su nacimiento como el punto de inicio.

Dibújelo como si fuera una autopista. Mientras lo hace, es posible que descubra que recuerda eventos importantes. Estos pueden ser monumentos, intersecciones o desvíos. Los monumentos pueden ser fáciles de detectar, o pueden ir desarrollándose mientras recrea la jornada. Asegúrese de nombrar a todos los actores de su vida y decir en qué forma contribuyeron u obstaculizaron su vida. Nombre las carreteras, los pueblos y demás.

Ahora comience a reflexionar con mayor profundidad. Comience con su infancia, ¿cómo se sentía? ¿Quién lo marcó profundamente? Enseguida, siga hacia su adolescencia, sus años escolares, su matrimonio, si fue madre soltera o padre soltero (o simplemente soltero), enfermedades, hijos, empleos, tragedias, alegrías... ¿Puede encontrar nombres para algunos de los caminos en su mapa particular? ¿Está la rampa de salida a la Escuela Médica? ¿Los montes Gemelos? ¿El desvío del Supervisor Arrogante?

Use diferentes colores y rótulos engomados, escarcha o cualquier cosa que sirva para ilustrar los momentos claves. Es decir, ¡es su vida! Haga que sea algo importante y que demuestre con fidelidad la forma en que la ha llevado.

Cuando haya adornado su mapa con los detalles suficientes (y para algunas personas, es mejor hacer su mapa despacio, durante días o semanas, para dejar que los recuerdos se vayan desarrollando), es hora de buscar los patrones que lo conllevarán hacia su propósito. ¿Encuentra que hay ciertas conductas, particularidades, talentos o pasiones recurrentes en los lugares importantes de su mapa? Si es así, es una señal que podría llevarlo hacia el sentido individual de su propósito.

Una mujer con la que trabajé descubrió que su mapa estaba inundado de eventos que tenían que ver con la música: una maestra de música de la secundaria había sido la "policía de tráfico" que la había ayudado a encontrar el camino; una intersección había sido el día que ella había escogido estudiar administración de empresas en vez de asistir a la escuela de arte. Más tarde en su vida, un monumento era un concierto de música clásica en donde Yo-Yo Ma se había presentado en su pueblo. Ella había quedado tan fascinada por el sonido y la belleza de esa experiencia, que se había comprado una docena de sus discos.

Le pregunté sobre el papel de la música en su vida.

"Me gusta la música," dijo, sin la suficiente energía como para parecer muy convincente.

"¿Te gusta?" dije.

"Bueno... me gusta mucho. A menudo siento que cuando escucho buena música, los problemas se esfuman."

"¿Entonces tratas de escuchar música a menudo?"

Se encogió de hombros. "Cuando puedo. No me queda mucho tiempo, con los niños, las labores hogareñas y mi trabajo. Me gusta escuchar piezas largas, y no logro sacar el tiempo cada vez que quiero para escuchar una sinfonía de una hora de duración."

Le pregunté por el lugar en su mapa en donde había escogido no asistir a la escuela de arte. Resultó ser que cuando era joven, tocaba el violoncelo y era considerada muy talentosa. Pero no recibió mucho apoyo de su familia, pues ellos pensaban que ella debía seguir una carrera más tradicional.

"Yo era verdaderamente talentosa," dijo.

"¿Tocas alguna vez ahora?"

"No, ya ni siquiera *poseo* un violoncelo. No he tocado en años. Ni siquiera creo poder recordar las posiciones correctas de los dedos."

Algunas veces escuchaba música cuando su esposo trabajaba hasta tarde y sus hijos dormían. Pero su esposo no era fanático de la música clásica, y hacerlo que se sentara a escuchar toda una sinfonía con ella, apenas si valía el esfuerzo. Él se aburría, y ella se sentía avergonzada y culpable..., entonces ya no lo intentaba. ¿Por qué será que a menudo dejamos a un lado nuestras pasiones para apaciguar a los demás?

184

Muy pronto, me quedó muy claro, y también a ella, que la belleza y la majestuosidad de la música era su propósito en la vida. Escuchar buena música clásica era lo que la hacía sentir más viva, llena de energía y emotiva. Ella llegaba hasta a las lágrimas cuando absorbía la belleza de un momento musical particularmente intenso.

"¿Pero qué hago ahora con eso?" preguntó. "¡No voy a abandonar a mi familia para irme a un conservatorio en algún lugar!"

"Por supuesto que no," dije.

Es probable que esta mujer no llegue nunca a dar un concierto en un escenario. Pero podría hacerlo si deseara comenzar a tomar decisiones que la guiaran hacia ese camino, como por ejemplo, pasar menos tiempo con su familia y en su trabajo para estudiar el violoncelo. Pero no me parecía que eso era lo que le interesaba hacer en su vida. A ella le gustaba su profesión, amaba a su familia, y disfrutaba las cosas como estaban en su vida. Ella no quería cambiar toda su vida para seguir una carrera musical.

Muchos de nosotros nos sentimos reprimidos ante el sentimiento de que si no podemos hacer de lleno algo que amamos, y ser los mejores del mundo en ese campo, entonces no deberíamos siquiera tomarnos la pena de intentarlo. Creemos que si no podemos ser Lance Armstrong, no deberíamos montar bicicleta. Pero ¡por Dios, eso nos hace excluir muchas de las maravillas de la vida!

185

Y en cuanto a mi amiga la entusiasta de la música, hubo muchas formas de llevar la música en su vida para que mejorara su sentido del propósito. Las dos conversamos sobre la posibilidad de tomar un curso de terapia musical, o de hacerse voluntaria de un hospital local para organizar un concierto de recaudación de fondos para pacientes con cáncer.

Para esta mujer, había algo respecto a la música que la transformaba, la hacía sentir en paz, despertaba sus emociones y la hacía sentir poderosa. Aunque ella sabía que eso era importante para ella, no había comprendido que la música era una verdadera *necesidad* en su vida, tan importante para su bienestar como el agua y el oxígeno.

Hay muchos lugares distintos en donde los seres humanos encontramos el propósito de nuestras vidas. Para algunos es en el aprecio de la naturaleza del arte: la música, la escultura, el teatro; para otros, es una búsqueda intelectual: matemáticas, medicina, geología. Algunas personas lo descubren cuando intervienen en deportes o en una actividad creativa: pintura, escritura, composición musical, fotografía; mientras que otras personas lo encuentran en aficiones humanistas: la crianza de los hijos, la amistad, ayudar a los desafortunados. A menudo, la mejor combinación es cuando uno puede combinar el lado humanista con aquello que le brinda alegría.

186

Diseñe el mapa de su futuro

¿Recuerda cuando le pedí que diseñara el mapa de su pasado? Pues bien, me gustaría que lo hiciera de nuevo, solo que esta vez se enfocará en su futuro. ¿Adónde desea ir y qué le gustaría hacer? ¿Hay formas en que puede verse dejando un legado que refleje las obras de su vida? ¿Existen sueños que siempre ha deseado cumplir?

Actualmente estoy tratando de crear la última parte de mi jornada. Deseo ayudar a mis nietos para que asistan a la universidad. También deseo tomar lecciones de canto; viajar a la China; aprender español, realizar trabajo como misionera; y fundar un Instituto de Salud, Felicidad y Longevidad.

Sé con certeza, a raíz de todo lo que he realizado en mi vida, que "querer es poder." Por lo tanto, no todo lo que esté en su mapa tiene que ser de naturaleza magnánima: si lo que realmente desea es hacer un viaje a Las Vegas, escríbalo. Pero al fin de cuentas, son esas cosas que hablan desde su ser superior las que harán que la energía de vida siga ardiendo en su interior.

187

Cree una biblioteca de personas significativas y compártala con sus amigos

¿No sería maravilloso realizar una tertulia semanal, del tipo de las que prevalecían durante el Renacimiento, para hablar de temas de interés? Mi tertulia favorita (y probablemente la más famosa) era la "Mesa Redonda del Algonquín." Durante la década de los años veinte y treinta, Dorothy Parker, y un grupo de intelectuales influyentes, se reunían una vez por semana y trataban temas sobre filosofía, piscología, las artes y cualquier tema que los atrajera.

La discusión en grupo agudiza el intelecto, razón por la cual siempre me he preguntado por qué las personas pasan tanto tiempo charloteando sobre cosas y personas negativas y desagradables. ¿No sería más inspirador hablar sobre individuos cuyas vidas están llenas de significado, y quienes, de hecho, han aportado un propósito a nuestras vidas? Algunas sugerencias son: Su Santidad el Dalai Lama, Christopher Reeve, Martin Luther King, la Madre Teresa, Anne Frank, Eleanor Roosevelt, Nelson Mandela, Maya Angelou, Winston Churchill y Rosa Parks.

Reflexione y repase

188

En su búsqueda de propósito, podría descubrir que conoce personas bastante fascinantes que lo hayan ayudado en su propia familia. Por ejemplo, me encantaba sentarme con mis abuelos y preguntarles sobre sus vidas porque para mí, ellos eran personas fascinantes. Mi abuela llegó a los Estados Unidos a los veintiún años de edad para reunirse con mi abuelo, quien había llegado antes que ella para hacer fortuna. Esto ocurrió en los días precedentes al descubrimiento de la penicilina, y mi abuelo había perdido un brazo como resultado de una infección que ahora se habría curado en un día. Pertenecían a la clase obrera, y sus vidas habían estado marcadas por las penurias. Sin embargo, eran dos de las personas con mayor resistencia que jamás haya conocido; y su tenacidad, fortaleza, espíritu y humor me enseñaron grandemente a llevar una vida con un propósito.

¿De quiénes puede usted *aprender*? ¿Cómo pueden las historias de esas personas ayudarlo a encontrar su propio camino?

Contribuya

Para la mayoría de nosotros, el sentido más poderoso de propósito proviene de hacer algo que nos haga sentir que estamos aportando una contribución al mundo. Contribuir nos conecta con nuestra comunidad, y con la sociedad como un todo, de manera que nos hace sentir más realizados y esenciales. Nos sentimos mejor cuando sabemos que hay algo que hemos hecho para ayudar a alguien, particularmente a las personas necesitadas. Existe una razón por la cual la caridad es una parte integral de todas las religiones del mundo, y de las sociedades más decorosas: ayudar a las personas es claramente un componente vital de la vida.

Hay muchas otras formas de marcar la diferencia. Muchos de nosotros creemos que si no hemos desarrollado sin la ayuda de nadie una cura para el cáncer, entonces no hemos aportado una contribución valiosa en el mundo. Por lo tanto, mejor no hacemos nada.

189

*"Cuando usted llega al límite de toda la luz que
ha conocido, y está a punto de lanzarse en la oscuridad
de lo desconocido, la fe es saber que ocurrirá una de dos
cosas. Habrá algo sólido en donde logrará ponerse
de pie, o le enseñarán a volar."*

Elisabeth Kübler-Ross

No tiene que pasar un año ayudando a los pacientes de SIDA en Zimbabue con el fin de realizar una contribución valiosa en nuestra sociedad. Pase una hora contando historias en un jardín infantil. Ayude a limpiar el parque de una ciudad. Preste servicio en la asociación de padres de familia de la escuela de sus hijos. Alimente en la boca a alguien que no puede comer por sí solo. Visite a un niño en un hospital que no tiene nadie que lo visite. No importa lo que haga, conectarse con la comunidad que lo rodea es una forma infalible de encontrar significado en su vida.

Para algunas personas, el propósito proviene de una creencia espiritual o religiosa. Para ellos, sentirse parte de un mundo mayor que incluye una presencia divina (o una fuerza espiritual) les ofrece un verdadero significado.

La espiritualidad es en verdad cuestión de significado, ¿no es así? Es una forma de entender nuestro lugar en el mundo, de hecho, nuestro lugar en el *universo*. Las religiones nos ayudan a ver lo que es

190

realmente importante en la vida: en una iglesia no va uno a hablar de colesterol ni de vehículos deportivos todo-terreno.

Busque entonces las áreas de su vida que siente que significan más que usted y su diaria existencia. Después de todo, la vida parece estar rebosante de detalles y actividades, e incluso de cosas que nos hacen sentir bien; pero a la larga, carecen de significado.

¿Cuáles son las cosas que lo hacen sentirse conectado con el universo, sentirse como un ser humano? Si contemplar un edificio o un puente lo hacen sentir ese tipo de admiración, quizás usted debería estudiar arquitectura, o por lo menos leer al respecto de vez en cuando y visitar museos. Si jugar con un niño de dos o tres años lo hace sentir más conectado con el universo, entonces probablemente debería ser un maestro, o debería pasar algún tiempo de voluntario en una guardería o en la sección pediátrica de un hospital.

191

Tome decisiones que lo acerquen a las cosas que poseen importancia para usted, y encontrará que su vida será inconmesurablemente más feliz y más enriquecedora.

❋ ❋ ❋

10

¡ÚNASE A LA FIESTA!

"Una vida maravillosa requiere conexión."

A lo largo de los últimos años, he sentido que iba en dos direcciones distintas. En el trabajo, llevaba una vida que parecía una comunidad universal. Como mencioné antes, soy de naturaleza jovial, y como tal, es muy fácil para mí relacionarme con casi cualquier persona. Comencé a notar que cuando andaba de viaje, en contacto con muchas personas e intercambiando historias, comenzaba a lucir y a sentirme más joven. La risa, el estímulo intelectual, la conciencia de que hay muchas personas que están lidiando con vidas mucho más difíciles que la mía, era un recordatorio constante de mis abundantes bendiciones.

Por otra parte, cuando regresaba a casa, estaba exhausta y llena de un sentimiento de contradicción respecto a lo que estaba diciendo y a lo que en verdad estaba haciendo. En esencia, no estaba viviendo con autenticidad. Pregonaba la conexión con el mundo —y me conectaba con las personas durante un corto tiempo cuando estaba de viaje— para luego llegar a casa y esconderme porque quería estar sola.

Ahora comprendo que parte de esa dualidad se originaba del hecho de que estaba tan ocupada creando mi carrera que estaba totalmente exhausta, y necesitaba pasar tiempo en casa tranquila para recuperarme. Y, sin embargo, estaba tan aislada en mi casa, que apenas si veía a mi familia... y a mis amigos. Esto podría sonarle familiar a muchos de ustedes, ya que se ha convertido en algo común en los Estados Unidos.

194

¿Necesitamos tiempo para estar solos? Definitivamente. Pero no podemos vivir en una forma así de contradictoria. Mis propios intentos por resolver este dilema llegaron de forma inesperada, aunque no me sorprendieron, pues soy creyente absoluta en la sincronicidad.

Como mencioné con anterioridad, mi madre se mudó hace poco conmigo, y mi vida entera está desbarajustada. Ella necesita mucha atención y por lo tanto contraté a Beatrice, quien vive con nosotras y la cuida. Beatrice es originaria de Gana, pero lleva viviendo ocho años en este país.

Para completar el cuadro, mi esposo se acaba de pensionar.

De repente, mi hogar, una vez un remanso de paz, ha asumido las características de un hotel. Siempre está prendido un televisor a un volumen que estalla los oídos en el cuarto de mi madre (pues tiene problemas auditivos), y otro (el juguete de mi esposo) haciendo un estruendo en el salón familiar en el segundo piso; las personas vienen y van constantemente; y planificar cenas y concertar citas médicas, ahora forma parte de mi experiencia diaria.

Preparar comidas y comprar los ingredientes son algunas de las actividades favoritas de mi madre. De hecho, la primera pregunta cuando se despierta es: "¿Qué tenemos para la cena?" Pero antes de que ella viniera a vivir con nosotros, mi esposo y yo habíamos caído en una cómoda rutina de lidiar con las comidas. A menudo comíamos por nuestra cuenta, cuando teníamos ganas. Digamos que no era algo que requería de mucha planificación ni preparación.

195

Cuando mi madre se mudó a casa, sentí como si los extraterrestres me hubieran invadido y estuvieran tratando de extraerme la vida para poder extender la de ellos. Sin embargo, con el paso del tiempo, descubrí que cada vez me acostumbraba más a las intrusiones. De hecho, comencé a disfrutar en verdad lo divertido que era hablar durante la cena con Beatrice, hacerle preguntas sobre su país, sus costumbres y su vida. Una vez que logré estar en paz con el hecho de que la presencia de mi madre iba a ser algo permanente, comprendí que podría ser la forma de sanar los asuntos que habían quedado pendientes del pasado. Y el hecho de que mi esposo se pensionara cayó también como anillo al dedo: cuando estoy de viaje, él hace las veces de gerente general de nuestro "hotel."

De muchas maneras, esta situación también me ha brindado lo que hacía falta en mi vida. Antes de que llegara mi madre, yo hacía un esfuerzo coordinado para pasar más tiempo con mis hijos y nietos. Me siento feliz de decir que he logrado los resultados deseados. Y así, con los ires y venires, combinados con la nueva comuna en que se ha convertido mi hogar, me siento mucho más acorde con mi propia crianza.

196

Créanme, no es que de repente nos hayamos convertido en una versión de la serie *Las desventuras de Beaver*. De hecho, hay días en que me siento como Norman Bates en la película *Psicosis*. Pero ahora hay una energía que en verdad me hacía falta en mi vida previa por más agradable, ordenada y pacífica que fuera. Esto es lo que llamamos *vida*.

"La conexión humana es más que medios informativos y mensajes, información y persuasión; también debe cumplir un propósito más elevado, una necesidad más profunda. Ya sea clara o distorsionada, deliberada o

fatalmente inadvertida, la comunicación es la raíz de toda reunión y la base de la comunidad. Es, en pocas palabras, la conexión humana esencial."

de *La conexión humana* por Ashley Montagu

La mayor parte de nosotros pasa una enorme cantidad de tiempo y energía manteniendo a las personas a cierta distancia. Nunca entenderé eso. ¿Por qué no saludamos a nuestros compañeros de ascensor? Puede ser que ellos no se sientan receptivos al saludo, o que miren hacia otro lado, o podrían hacer algún comentario burlón; y, ¿qué? ¿Es eso peor que quedarse ahí en silencio pretendiendo que estamos solos? No se me puede ocurrir una situación en donde se sienta más la soledad que estar parado al lado de alguien que ni siquiera reconozca que estoy ahí.

197

Pero el escenario más probable es este: la persona dice algo agradable como respuesta, usted sonríe y se muestra amigable, y luego sigue su camino sintiéndose un poco más conectado con los seres humanos.

Como ya lo he dicho: hablo con todo el mundo. Siempre comienzo a conversar con la persona que se sienta a mi lado en los aviones. Y sé que en el instante en que abro mi boca, la persona mirará a la azafata para pedirle que la cambie de silla, incluso si yo no tenía la menor intención de parlotear todo el camino hasta Cleveland. También tengo cosas que hacer en la vida, y deseo leer, trabajar o tomar una siesta en el avión, igual que todo el mundo. Pero tener unos cuantos momentos de conversación cívica y divertida nos hace sentir a ambos más humanos. Digo alguna bobería y nos reímos. Si la persona resulta ser un verdadero majadero que no quiere tener nada que ver conmigo, hago más esfuerzo aún. Me he encontrado con personas que toman como un reto personal no hablar conmigo.

198

Nunca salgo del supermercado sin decirle algo gracioso a la cajera o cajero. He tenido conversaciones apasionadas y divertidísimas con choferes de taxi, peluqueros, cajeros de banco, y... adivinó, personas en los ascensores.

En mi caso, no tratar de conectarme es lo opuesto a involucrarse en la vida. Si no hablo con el chofer del taxi, entonces la única cosa que define nuestra relación es el hecho de que él está realizando un servicio, llevándome a donde deseo ir; y ambos somos un poco menos humanos como resultado de ese encuentro. En cambio cuando conversamos, ambos nos sentimos más conectado y vivos. Y para completar, he aprendido algo o me he reído un poco.

¡QUÉ TAL VECINO!

Suena simple, pero una manera muy sencilla de regresar a una vida de conexión es ser más amistoso con los vecinos.

¿Cuándo fue la última vez que invitó a sus vecinos a tomar una taza de café? Esa idea puede incluso hacerlo sobresaltar de incomodidad: ha llegado a ser casi cursi pensar en tener una relación agradable con la persona que vive en la casa del lado. Pero de hecho, esto haría que el área donde usted vive fuera más como una *comunidad:* un lugar en donde las personas comparten intereses y cortesía, y se brindan mutuamente el apoyo y el civismo necesarios.

Sé que esto podría hacerlo sentir como Ozzie y Harriet, pero si se mudan a su casa nuevos vecinos, lléveles un pastel (asegúrese que sea de dieta, por si acaso) o un regalo hecho a mano. Deles la bienvenida con una tarjeta con su nombre y su teléfono, y ofrézcase a enseñarles los alrededores.

Si uno de sus vecinos está enfermo, llévele comida a la familia. En estos días, incluso aquellos de nosotros con buenos modales

199

> pensamos que es suficiente enviar una tarjeta
> o flores. No lo es. Hacer un esfuerzo genuino
> aunado con algún tipo de contacto personal
> es lo que forma una buena conexión.

La mentalidad del mentor

En mi trabajo, he descubierto que la mayoría de las personas conocen por lo menos a alguien que ha tenido un efecto profundo en ellos, ya sea un maestro, un pariente o un colega. Para mí, esa persona ha sido mi abuela, Francesca.

200

Mi abuela no era una mujer que en la actualidad fuese particularmente admirada. Es poco probable que llegaran a invitarla al programa de televisión *Today*, o que le pidieran que posara para la portada de *Vanity Fair*. Era una mujer hermosa y orgullosa, elegante y llena de gracia, que se vestía con porte pero sin mucho donaire.

Sin embargo, era poseedora de una sabiduría sencilla y tenía la magnífica habilidad de reconocer lo que era necesario hacer en una situación. Ahora parece algo casi trivial, pero para mi abuela, un poco de salsa roja podía resolver casi cualquier problema que la vida nos pudiera traer. ¿Alguien perdió su empleo?

"¡Ah!, come un poco de pasta. Te sentirás mejor." Un corazón roto pedía a gritos el premio mayor: *zabaione* hecho en casa. Y si uno de los niños nos hacíamos daño, primero nos daban un beso en la rodilla, luego un bombón (con la envoltura tan vieja que parecía que hubiera pasado por la Segunda Guerra Mundial) que salía del fondo de su enorme bolso de mano.

En estos días tendemos a pensar que esa gama de remedios caseros de Francesca era simplista y anti-cuada; pero de hecho, es exactamente el tipo de sim-plicidad que exige el mundo de hoy. ¿Cómo se sentiría si después de un día de trabajo estresante, de llevar a sus hijos aquí y allá, de hacer y recibir llamadas telefónicas, contestar mensajes electrónicos y todo el resto de cosas, llegara a casa de la abuela? En vez de pedir una pizza a domicilio, se sentaría a disfrutar del aroma de un plato de comida caliente y deliciosa, y una voz amorosa le diría: "Aquí tienes algo delicioso que te acabo de preparar." ¡Para mí eso es el paraíso!

201

¿Hay alguien en su vida que haya tenido un efecto profundo como lo ha tenido Francesca en mí? Si así es, es importante mantener viva en su interior la energía de esa relación de cualquier forma que pueda. Si esa persona está viva, haga contacto con ella. Incluso si es alguien que no ha visto en años, imagínese lo poderoso que sería para un antiguo maestro, empleado o amigo, escucharlo decir que usted ha estado pensando en él o en ella durante todos estos años. Y tal vez, solo tal vez, todavía tendría esa persona cosas maravillosas, importantes y llenas de sabiduría que pudieran aportar una contribución a su vida. Quizá esa persona tiene la respuesta que lo ayudará a superar algo importante en su vida.

Si esa persona ya no está viva, ¿cómo podría mantener su espíritu vivo? Quizá usted podría pensar en él o en ella cuando las cosas se ponen difíciles. O poner una foto de esa persona en su escritorio o en la habitación de sus hijos. ¿Hay alguna frase que ellos solían decir que lo haya impactado en particular, la cual podría imprimir y colocar en la pantalla de su computador o en su refrigerador?

202

¡MIRA QUIÉN LLEGÓ A RESCATARME!

Una técnica que me gusta usar con las personas que se sienten aisladas es la de "el *Super Ratón*." Es sencilla: cuando usted necesite más que nunca de guía, piense en quienes han tenido un efecto más profundo en su vida. Pídales que vengan a su rescate, y si se siente especialmente fantasioso, aplique el lema del *Super Ratón* en su interior: "Aquí vengo a rescatarte."

> ¿Qué consejo le daría esa persona? ¿Qué haría en la situación que está enfrentando ahora mismo? Enfóquese por completo en ello. Visualice a la persona sentada a su lado, dándole consejos y enseñándole; diciéndole que usted está haciendo bien las cosas y que aprueba el camino que ha escogido.

En verdad no podemos hacer las cosas solos aunque queramos. La vida no puede ser llevada de manera aislada. Los seres humanos fuimos engendrados para estar juntos. Durante millones de años, vivimos en tribus y había una buena razón para que así fuera. La vida es dura, debemos traer comida a casa, crear un núcleo familiar, criar a los hijos, forjar una comunidad que se proteja, y muchas cosas más. Y aunque nuestras vidas son ahora más fáciles de lo que eran las de los cavernícolas, sigue siendo difícil para las personas e incluso las familias vivir aislados. La generación de nuestros abuelos sabía que las familias debían permanecer cercanas para ayudarse mutuamente. Las personas lo necesitaban.

Hay muchas maneras en las cuales usted puede crear esa sensación de comunidad. ¿Ha intentado ofrecerle a su hermano o hermana recoger a sus hijos en la escuela uno o dos días a la semana? ¿Y ha tratado de preguntarle a su madre si desearía cuidar de sus hijos

203

una vez por semana? ¿Puede ofrecer hacer una cena en su casa para otra familia una vez por semana, o una vez al mes, y luego hacerlo en otra casa otro día?

"Cada cosa viva ni vive sola, ni vive por sí misma."
William Blake

COMPARTA LAS BUENAS NOTICIAS

Los investigadores han descubierto un fenómeno fascinante que resalta lo importantes que son las conexiones humanas: si usted realiza un acto de buena voluntad y altruismo hacia otra persona (como ayudar a pasar la calle a un anciano), se mejora su sistema inmunológico. Incluso algo más interesante es que alguien que simplemente sea *testigo* del evento también recibe los mismos beneficios.

Eso parece indicar que incluso a nivel físico, todos somos influenciados por los diálogos y las acciones de los demás, que sencillamente por ser parte de las actitudes y las obras de alguien más, su propia actitud y espíritu se eleva.

Una manera de hacer que esto funcione para usted es usar la técnica de compartir las

204

buenas noticias. Ahora bien, para la mayor parte de nosotros es terriblemente incómodo contarle a los demás cosas positivas que hayamos hecho, o algo de lo cual nos sentimos felices o estamos orgullosos. Tendemos a menoscabar lo bueno y a resaltar lo negativo, ¿no es cierto? Decimos: "Sí, me gané el Premio Pulitzer, pero ¡Dios mío, tengo piernas de vaca!" o "Muchas gracias por el cumplido, pero, ¿te has dado cuenta del grano que me salió en la punta de la nariz?" Nos sentimos tan incómodos diciendo cosas buenas que debemos mitigarlas con negativismo.

205

Lo que se hace en este ejercicio es lo siguiente: Escoja una persona y túrnense para decirse cosas que los hagan sentir bien sobre ustedes mismos. Esfuércese por contar las buenas noticias, *sin mitigarlas con palabras negativas*. Una persona habla mientras la otra escucha. El que escucha debe, incluso si no lo siente, mostrar interés y emoción. Luego cambien de lugar.

Si dos personas hacen esto por un periodo extenso de tiempo, crearán una burbuja de buen ánimo a su alrededor que, incluso si se siente totalmente anormal al comienzo, terminará siendo una conexión genuina basada en buena voluntad y cariño. Nos hacemos sentir bien mutuamente cuando *nos* sentimos bien; nuestros estados de ánimo son contagiosos, inspiradores y enriquecedores. Y compartir nuestros buenos estados de ánimo crea lazos entre las personas, que son una fuente constante de mejores estados de ánimo.

En los días después del 11 de septiembre de 2001, en todo el país, y especialmente en la ciudad de Nueva York (por razones obvias), hubo una efusión increíble de amabilidad. Mis amigos que viven allá me decían que durante varias semanas la gente actuaba con una cooperación y una decencia asombrosas en las calles, en los ascensores, e incluso en el metro. Las personas se miraban a los ojos y hablaban de cosas triviales. Todo el mundo hablaba de dónde se encontraban esa mañana, de lo que habían visto, y de las personas que conocían entre los desaparecidos. Nos sentimos unidos por la experiencia, y de una manera extraña y triste, hizo que el mundo fuera un mejor lugar durante unas pocas semanas.

¿Por qué tiene que ocurrir una tragedia para que seamos más amables hacia los demás? ¿Por qué tiene que haber muerte y destrucción para que otras personas se sientan cómodas hablando entre sí en los lugares públicos? Todos estamos juntos en esta jornada; en las cosas buenas y en las trágicas. Qué maravilloso sería si todos pudiéramos recordarlo.

"Hagamos un trato, que nos sonriamos mutuamente cuando sea difícil sonreír. Sonrían mutuamente, saquen tiempo para compartir en familia."
Madre Teresa

Piense en todas esas formas en que puede verdaderamente honrar a las personas que están ahora en su vida, formas en las cuales puede demostrar que la relación es importante para usted y que le gustaría profundizar la conexión.

207

Detesto la frase *tiempo valioso* porque es una frase contemporánea estereotipada, y también porque pienso que desacredita la realidad de nuestras relaciones. ¿No debería ser valioso *todo* nuestro tiempo juntos?, y si no lo es, entonces, ¿qué diantres es el tiempo no valioso? ¿En verdad tengo que programar tiempo especial con mis hijos con el fin de respetar nuestra relación?

Me da la impresión de que lo que en verdad hace que el tiempo sea o no "valioso", no tiene nada que ver con el lugar a donde vayan o las cosas que hagan. El tiempo valioso no tiene que ocurrir en un costoso parque de diversiones con sus hijos, o en un restaurante de cuatro estrellas con sus amigas. Lo que hace que sea especial el tiempo compartido es el *enfoque* y la *atención.*

Estos días, incluso cuando pasamos tiempo con las personas, hacemos miles de cosas al tiempo. Estamos camino de ida o de regreso de hacer una diligencia, estamos esperando una llamada; preparando una comida para alguien, estamos escribiendo en la computadora mientras hablamos con un amigo por teléfono.

Fomentar una relación requiere enfoque y atención: las claves del respeto. ¿Cómo puede sentir alguien que lo respetamos si hacemos algo más mientras miramos constantemente el tiempo en el reloj porque tenemos que ir a otra parte?

208

Muéstrele a las personas en su vida que las respeta y honra su amor y su afecto al prestarles toda su atención, incluso si es por una pequeña fracción del día. Si está jugando con sus hijos en la tarde, desconecte el teléfono durante un tiempo, o déjelo sonar. Haga que sus hijos se den cuenta de que ése es *el tiempo para ellos,* que ellos son lo más importante del mundo para usted en ese momento y que todo lo demás puede esperar.

Cuando almuerce con un amigo, apague su celular. No hable sobre otras cosas que tiene pendientes, o en dónde tiene que estar en quince minutos. No permita que las presiones externas se entrometan en su tiempo juntos. Me parece que en estos días, los primeros quince minutos de todas las conversaciones tratan sobre el tema de lo ocupados que estamos. Para mí, ese tipo de conversación extrae toda la energía del momento. Me hace sentir como si me estuviera entrometiendo en el día de esa persona, que estoy obstaculizando su trabajo o su descanso. No quiero ser una entrometida, ¡quiero ser una compañera de celebración!

DIEZ FORMAS SENCILLAS DE CONECTARME HOY

1. Sonreír a una persona en el ascensor.

2. Invitar a un colega a almorzar.

3. Llamar a su madre, o a alguna persona que le ofrece cariño en su vida.

4. Decirle de corazón un cumplido a alguien.

5. Tener una conversación trivial con la persona que le vende café en la mañana.

6. Hacer una mueca graciosa en un lugar inesperado (como en la fila del super-mercado) hasta que alguien se ría.

7. *Hablar* con su familia durante la cena, sin ninguna distracción externa.

8. Llamar a alguien con quien no haya hablado en un año.

9. Darle un regalo a alguien en su vida, sin otra razón más que pensar que podría gustarle.

10. Decirle a las personas que aprecia lo que ellos hacen por usted como, por ejemplo, a los bomberos o a los oficiales de policía. ¿No quedarían atónitos de que las personas se detuvieran para decirles: "Gracias por estar ahí en caso de que los necesitemos"?

210

Los seres humanos son nuestros compañeros y nuestra comunidad. La vida es solamente una gran fiesta, en donde se supone que todos bailemos, cantemos, conversemos y nos luzcamos al lado de los otros. Atraiga más personas a su vida, y la fiesta se pondrá cada vez mejor... y más interesante, variada, animada y divertida.

Permítase conectarse con la amabilidad, la compasión, la simpatía y el buen humor, suéltese el cabello, póngase sus pantalones de fiesta y ¡celebre su vida!

Aquí estaré esperándolo con una matraca.

✿ ✿ ✿

ACERCA DE LA AUTORA

Loretta LaRoche es una consultora famosa internacionalmente, especializada en el manejo del estrés, quien aboga por el uso del buen humor como un mecanismo para lidiar con el estrés. Ella usa su perspicacia y su sabiduría para ayudar a las personas a aprender cómo convertir el estrés en fortaleza, y cómo verse a sí mismos como los sobrevivientes de sus propias vidas, es decir, encontrar "la fortuna en medio de la tragedia."

Loretta es favorita entre los espectadores de sus cinco especiales para la televisión pública de los Estados Unidos; así como del circuito de oradores, en donde presenta un promedio de cien charlas al año. Ha escrito entre otros: *Relax, You May Only Have a Few Minutes Left (Relájese, podrían quedarle solo minutos de vida)* y *Life Is Not a Stress Rehearsal (La vida no es una práctica de estrés)*. Loretta vive en Plymouth, Massachusetts. Su página de Internet es: **www.LorettaLaroche.com.**

NOTAS

NOTAS

NOTAS

NOTAS

(508) 561 - 3194

Jaimex
✳ ✳ ✳

Esperamos que haya disfrutado este libro de Hay House.
Si desea recibir un catálogo gratis con todos los libros y
productos de Hay House, o si desea mayor información
acerca de la Fundación Hay, por favor, contáctenos a:

2

U- 34212148

Reg. A073544356

HAY
HOUSE

Hay House, Inc.
P.O. Box 5100
Carlsbad, CA 92018-5100

(760) 431-7695 ó **(800) 654-5126**
(760) 431-6948 (fax) ó **(800) 650-5115 (fax)**
www.hayhouse.com®

✳ ✳ ✳

Sintonice **HayHouseRadio.com®** y encontrará los
mejores programas de radio sobre charlas espirituales
con los autores más destacados de Hay House. Si desea
recibir nuestra revista electrónica, puede solicitarla por
medio de la página de Internet de Hay House, de esta
forma se mantiene informado acerca de las últimas
novedades de sus autores favoritos. Recibirá anuncios
bimensuales acerca de: descuentos y ofertas, eventos
especiales, detalles de los productos, extractos gratis de
los libros, concursos y ¡mucho más!
www.hayhouse.com®